HEJ.

# HEJ.

# PULLUNDER STRICKEN

Alle Modelle
in den Größen
S–XL

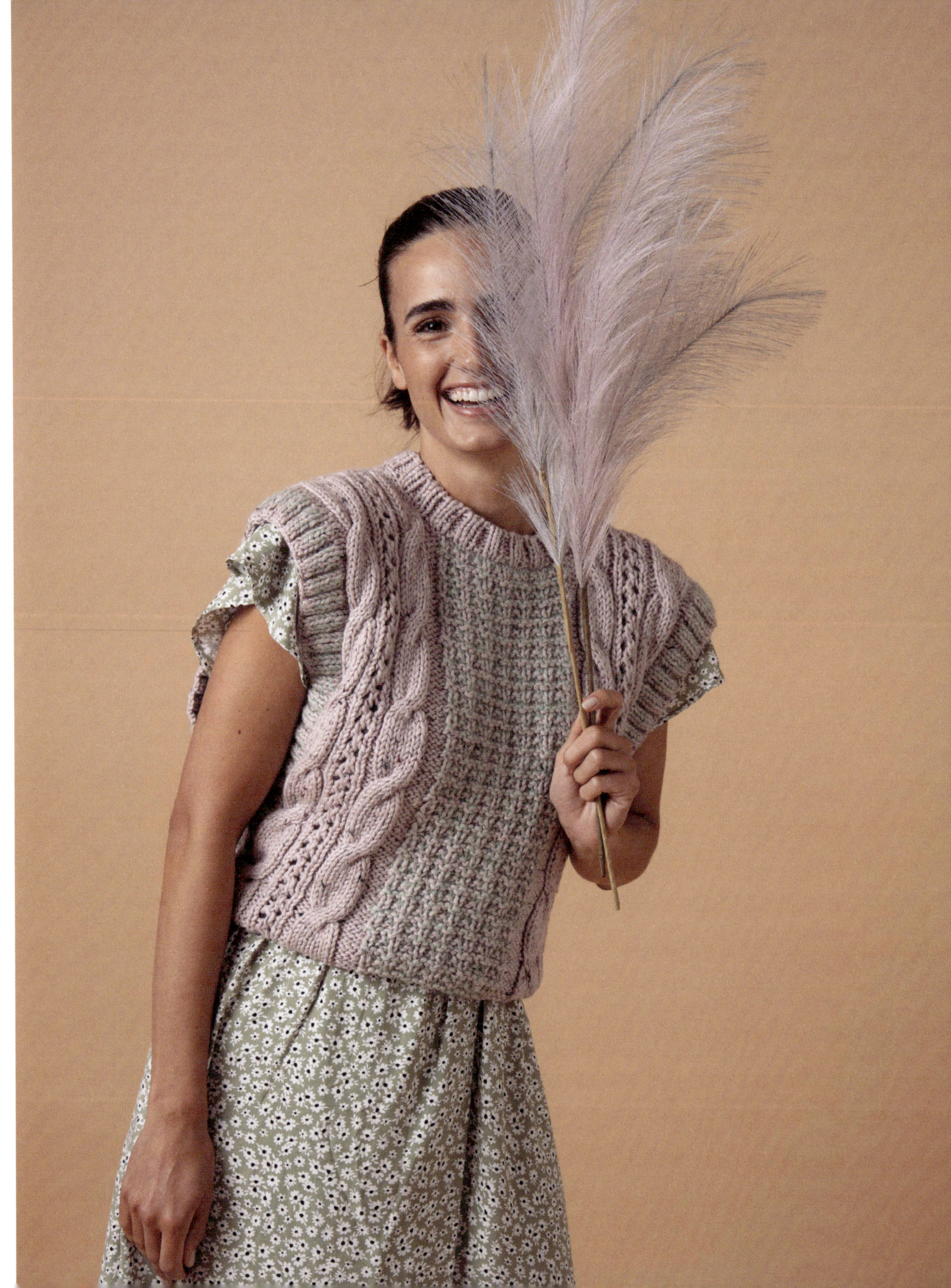

EKATERINA
SCHNEIDER

# HEJ.

# PULLUNDER STRICKEN

Alle Modelle
in den Größen
S–XL

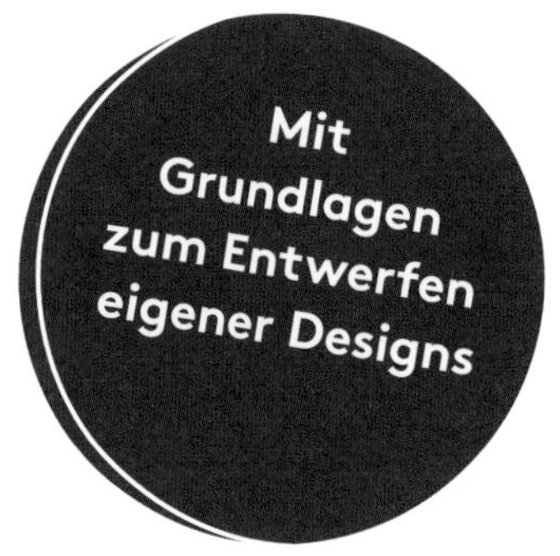


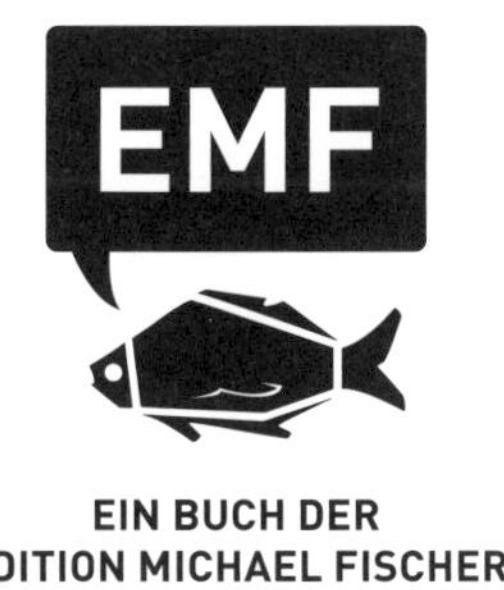


EIN BUCH DER
EDITION MICHAEL FISCHER

# INHALT

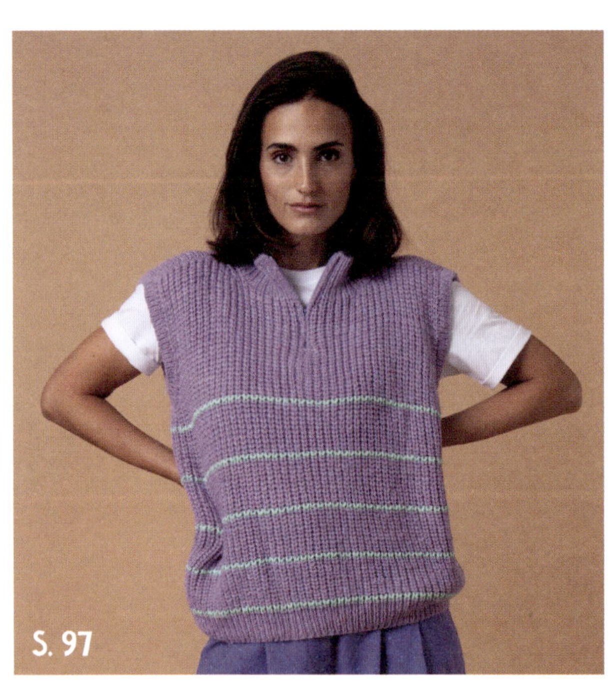
S. 97

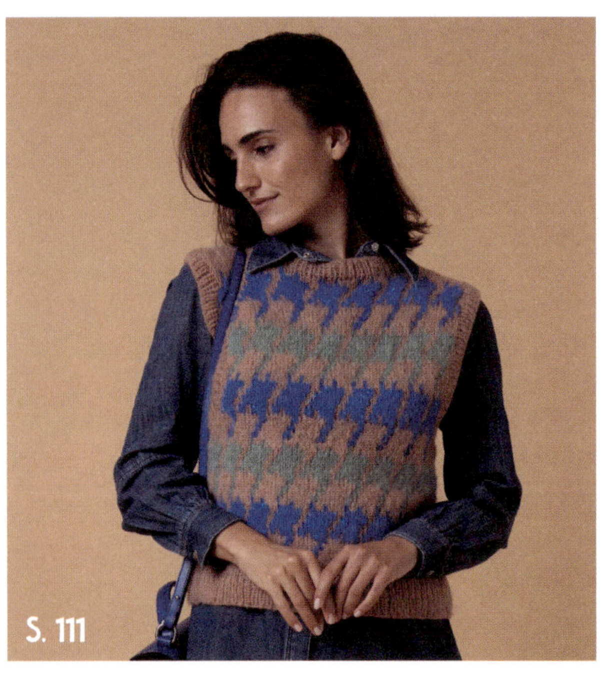
S. 111



## GRUNDLAGEN



## PROJEKTE

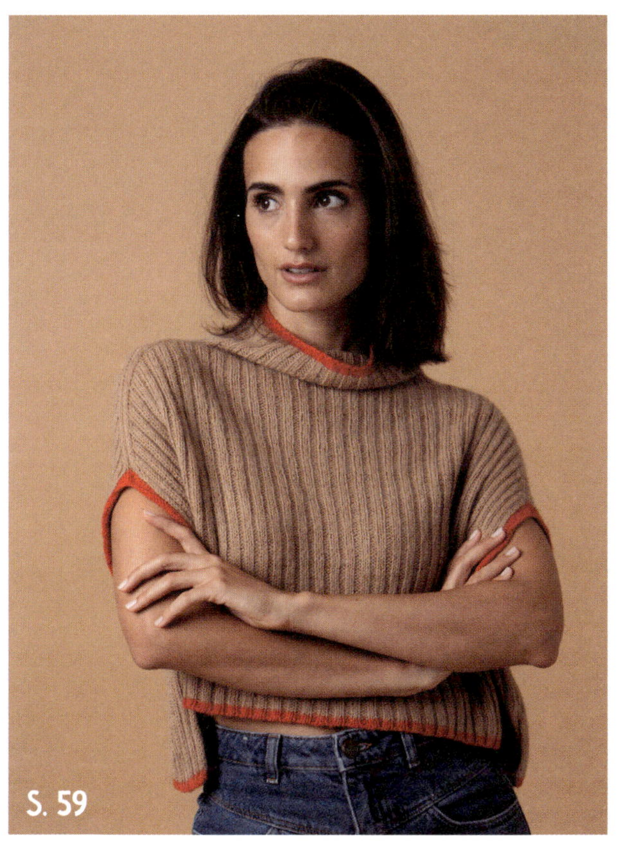
S. 59

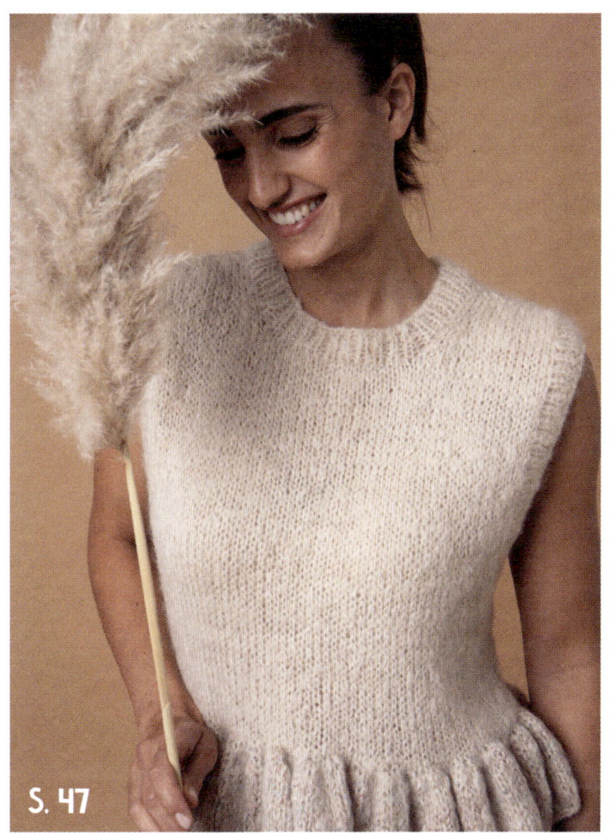
S. 47



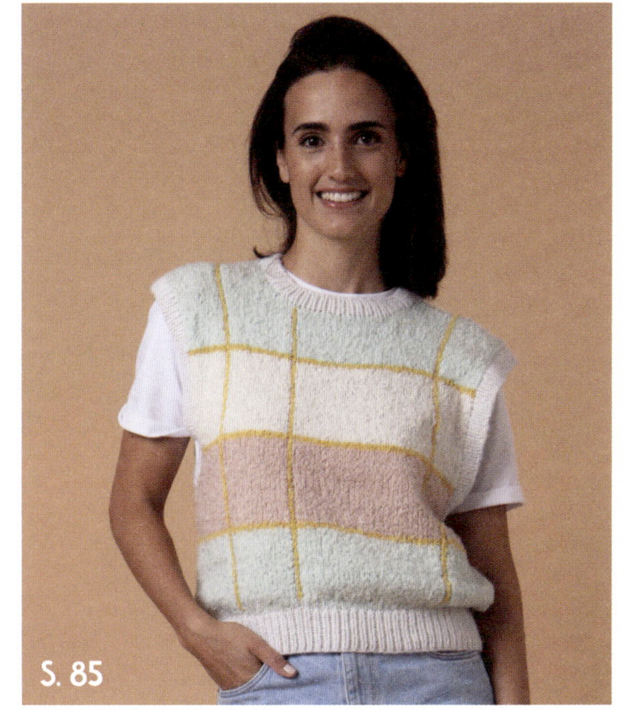
S. 85

# VORWORT

Er ist ein wenig aus unserem Blick geraten, auf dem Dachboden verschwunden, in den Secondhandläden liegen geblieben und war kaum noch in der glitzernden Welt der High-Fashion-Szene zu sehen. Selbst die Bezeichnung erinnerte an etwas, das in der ollen Kommode vor sich hinschlummert: der Pullunder!

Seit einigen Saisons ist der Pullunder nun aber mit voller Wucht in die Modewelt zurückgekehrt: von den Kollektionen der großen Couturiers bis hin zum Massenmarkt! Er ziert unzählige Fotostrecken – sowohl online als auch in Printmagazinen.

Vielleicht ist es meine Berufung als Designerin oder meine große Liebe zur Masche, aber mir kribbelten sofort die Finger, als meine Lektorin mir dieses Buchprojekt vorstellte. „Challenge accepted", wie es so schön heißt! Ich habe mich an die Arbeit gemacht, zwölf Modelle zu entwickeln, die mit einer individuellen und außergewöhnlichen Note versehen sind. Als Modedesignerin habe ich immer im Blick, tragbare, stilvolle Designerteile zu schaffen.

Für dieses Buch entstanden Modelle für Stricker*innen mit unterschiedlichen Strickskills: von Anfänger*innen mit Basiskenntnissen bis hin zum Strickprofi. Auch die Techniken reichen vom simplen Glattrechts-Muster bis zu Jaquard- und Intarsienmustern. Meine persönliche Prise an Design sind die Farbkombinationen und Materialmischungen, die euch zu neuen wunderschönen Strickteilen inspirieren sollen.

Liebe Strickfreund*innen, ich wünsche euch viel Spaß, kreativen Funkenschlag und großartige Maschen!

Eure Ekaterina

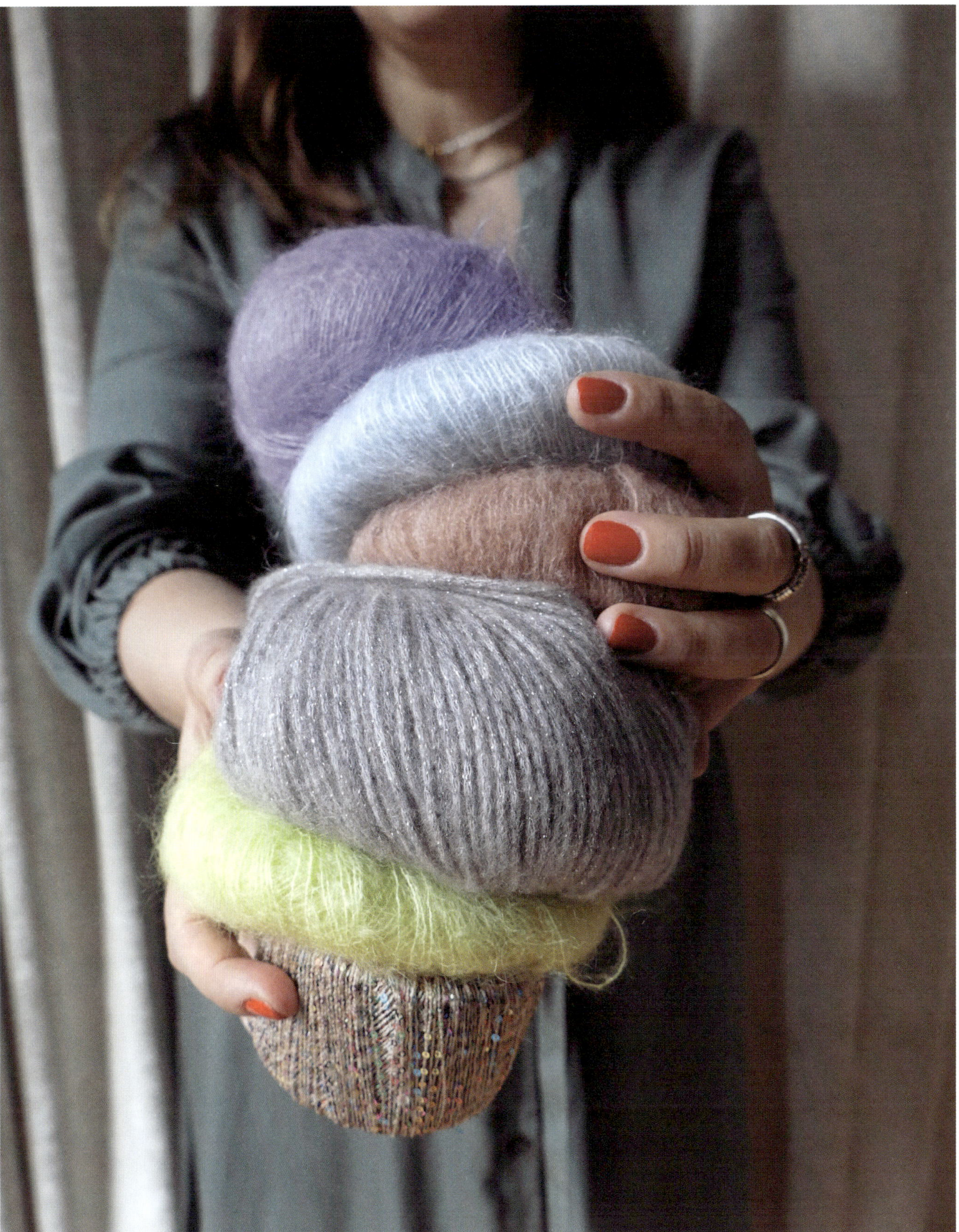

# GRUNDLAGEN

# DIE MODELLE

Der Pullunder an sich setzt eine leichte Mehrweite voraus. Das bedeutet, dass die Modelle, die ich für euch entworfen habe, nicht eng anliegen, damit man sie in Lagen zu Lieblingslooks stilisieren kann. Anschließend an die Anleitungen findet ihr auch jeweils kleine Tipps von mir, beispielsweise zum Anpassen des Strickteils oder zur Garnauswahl.

Die Stricktechniken, die ich verwendet habe, machen die Sache rund, verleihen dem Kleidungsstück einen besseren Sitz, ein schöneres Maschenbild, und die Details sehen einfach aus, als würden sie aus Profihand kommen.

Noch mehr Know-how findet ihr auf meinem Youtube-Kanal www.youtube.com/@LOVEDIYCTATORS, der sich ganz dem Thema Stricken widmet.

Von ganzen Anleitungen bis hin zu lebenserleichternden Hacks zeige und erkläre ich auf simple Weise das Stricken. Für alle, die ein wenig oder auch ein wenig mehr Unterstützung suchen, biete ich meine Videos zum Thema Stricktechniken an.

Anspruchsvolle Abschnitte der Anleitungen in diesem Buch zeige ich dort anhand von verschiedenen Beispielen.

**„Für jeden Anlass einen Pullunder ... davon kann man nicht genug haben!"**

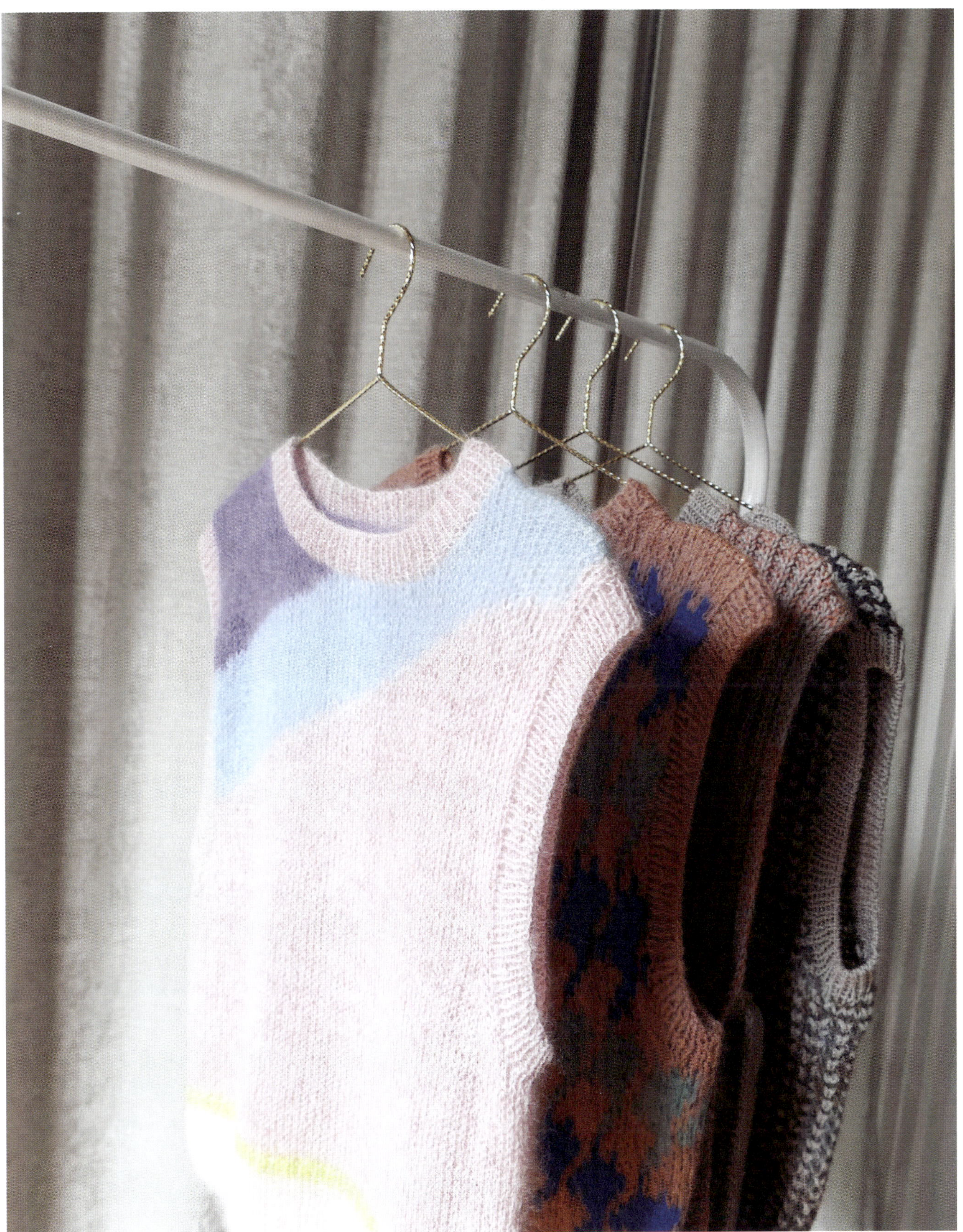

# GRÖSSE WÄHLEN

Sobald ihr euch ein Strickprojekt ausgesucht habt, gilt es, Maß zu nehmen. In jeder Anleitung findet ihr die Angaben für vier Größen: S/M/L/XL. Die Angaben sind jeweils der Größe nach aufgeführt und durch Schrägstriche getrennt. Steht nur eine Angabe dort, gilt diese für alle Größen.

Die Maße auf den technischen Zeichnungen entsprechen den Fertigmaßen mit dazugehöriger Strickdichte nach der Wäsche.

Alle Modelle sind in Größe S abgebildet.

Messt euren Brustumfang (BU) mit dem Maßband und wählt die entsprechende Größe aus der Tabelle aus:

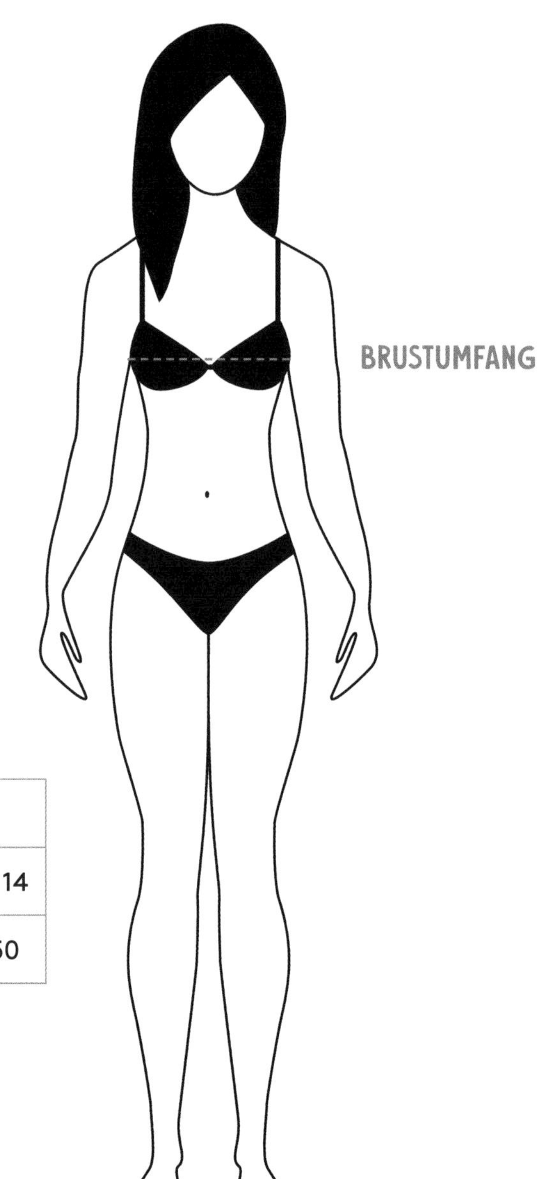


| | S | M | L | XL |
|---|---|---|---|---|
| BRUSTUMFANG | 83–90 | 91–98 | 99–106 | 107–114 |
| GRÖSSE | 36–38 | 40–42 | 44–46 | 48–50 |

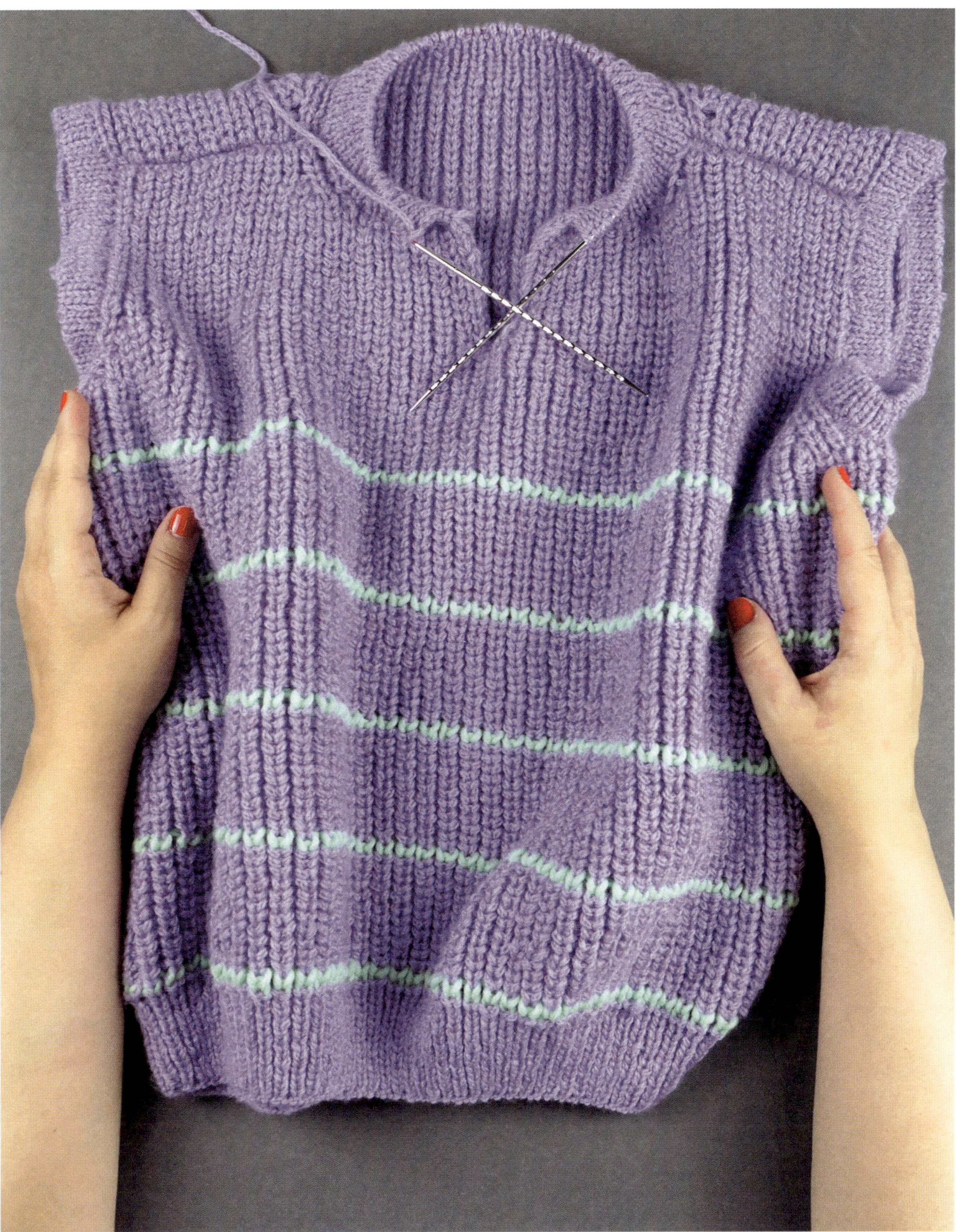

## GARNAUSWAHL

Eine der schönsten Aufgaben bei der Entstehung dieses Buches waren all die Experimente mit verschiedenen Garnen, Texturen und Farben. Ich habe mir viele Gedanken um die Garnauswahl gemacht, um euch Beispiele zu bieten, die außerhalb der schon gängigen und altbekannten Vorstellungen liegen. Ihr könnt die Garne ganz nach meinen Designs wählen oder entsprechend der Lauflänge eure eigenen Kreationen zusammenstellen. „Probieren geht über Studieren" ist hier das Motto. Seid mutig und macht ein paar Maschenproben.

## NADELN

In den Anleitungen sind natürlich auch die Nadelstärken und -arten angegeben und wärmstens empfohlen. Was Marke oder Material angeht, nun, da vergleiche ich gerne die Wahl der Stricknadeln mit der Wahl einer Tagescreme. Jeder hat andere Ansprüche, Erfahrungen und motorische Fähigkeiten. Ich stricke beispielsweise gerne auf Metall, meine Mutter ist hingegen von Holznadeln nicht wegzukriegen. Es kann jedoch sein, dass Muster oder Garnqualitäten sich einfach besser auf bestimmten Nadeln verstricken lassen. Darum habe ich euch zu allen Modellen meine Geheimtipps, die dabei helfen, ein besseres und leicht zu strickendes Maschenbild zu schaffen, verraten.

## ZUBEHÖR

Wenn ich ein neues Strickprojekt beginne, lege ich mir die Materialien und das Werkzeug schon vorher zurecht. Das ist nicht schwer: kleine Sets an Wollnadeln, Schere und Maschenmarkierern habe ich immer dabei. Ein Handmaß und ein Maßband sind in meinem Projektbeutel ein Muss! Dazu lege ich immer noch eine Häkelnadel in passender Stärke und etwas Hilfsgarn bereit.

## KNÖPFE, REISSVERSCHLÜSSE UND BÄNDER

Im Designstudium lernt man, wie wichtig und richtunggebend die kleinen Details sind. Die Wahl des richtigen Knopfes kann den ganzen Look von sportlich zu elegant im Handumdrehen verändern. Das bedeutet nicht, dass ihr alle Knöpfe und Reißverschlüsse vorab besorgen müsst. Ihr könnt ein ungefähres Bild des fertigen Pullunders im Kopf entstehen lassen. Ich habe eine ganze Sammlung an Vintageknöpfen. Immer wieder werde ich schwach und kaufe außergewöhnliche Exemplare. Nicht weniger bin ich von Zippern und Reißverschlüssen angetan.

Bänder und Gurte sind ebenfalls tolle Elemente und können nicht nur den Look, sondern auch die Form des Pullunders verändern. Ihr könnt die Längen, Breiten und Farben frei verändern. Wie wäre es z.B. mit Neonakzenten? Eine Designentscheidung kann auch bedeuten, Knöpfe, Reißverschlüsse, Bänder und Gurte komplett wegzulassen. Die Modelle in diesem Buch bieten all diese Möglichkeiten.

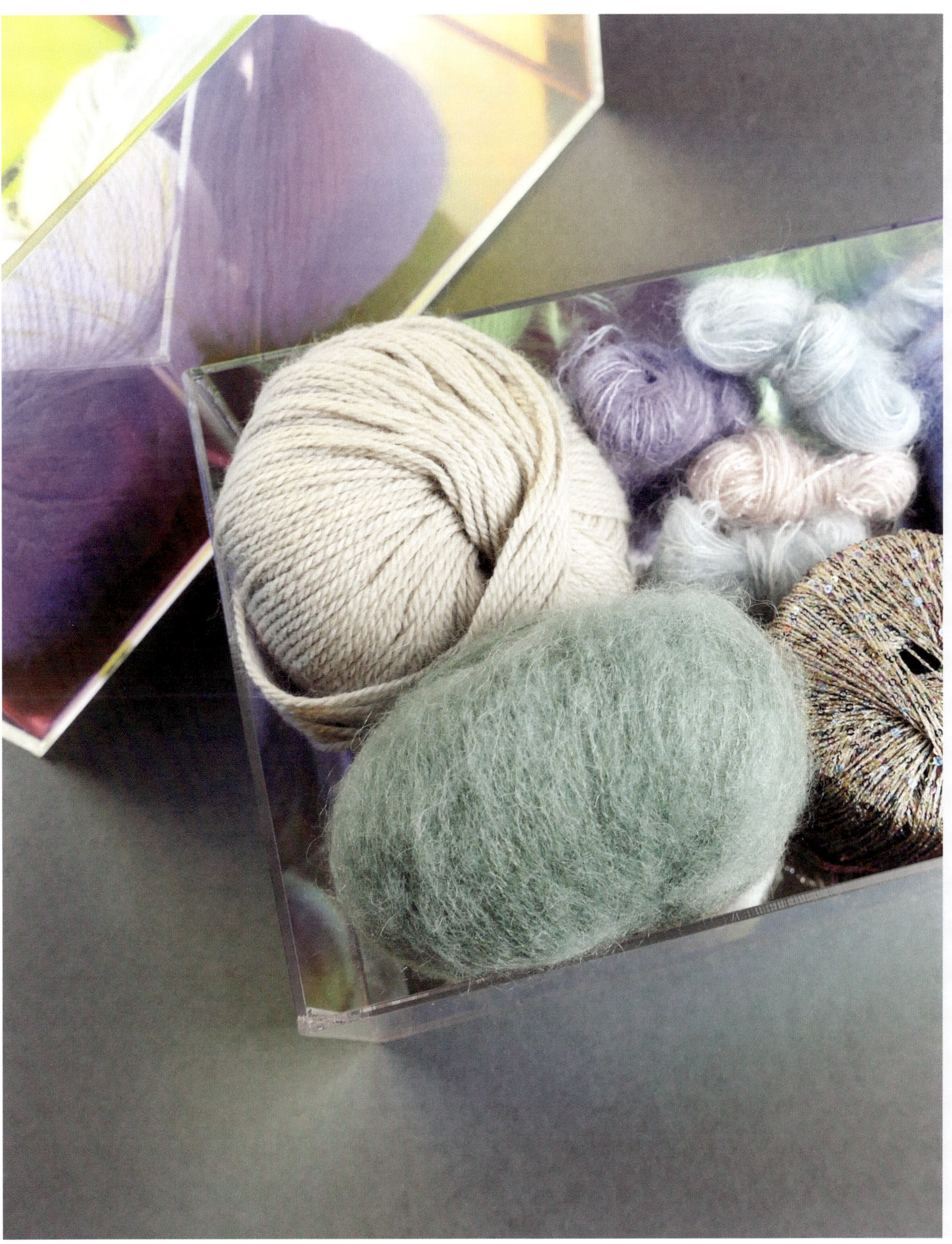

# MASCHENPROBE

Liebe Strickfreund*innen, ich kann gar nicht oft genug betonen, wie wichtig eine Maschenprobe bei Kleidungstücken ist. Und es gilt: Eine nicht gewaschene Maschenprobe gilt nicht als solche!

Spart nicht an Zeit und Garn und fertigt eine Maschenprobe mit den Maßen 15 x 15 cm an. Wascht sie anschließend mit einem milden Waschmittel und lasst sie liegend trocken.

In den Anleitungen findet ihr gleich oben in der Beschreibung Maschenprobenangaben zur Orientierung.

Es gibt auf der Welt niemanden, der so strickt wie ihr. Deshalb wird die Maschenprobe mehr oder weniger von den Angaben abweichen.

Vergleicht also die angegebenen Maschen- und Reihenangaben in der Anleitung. Weicht die Maschenprobe sehr stark ab (ab 2–3 M/3–4 R) dann wählt eine feinere Nadelstärke, um ein engeres Maschenbild zu bekommen, bzw. eine dickere Nadelstärke, um ein Maschenbild zu bekommen, das lockerer ist.

**„Eine nicht gewaschene Maschenprobe gilt nicht als solche!"**

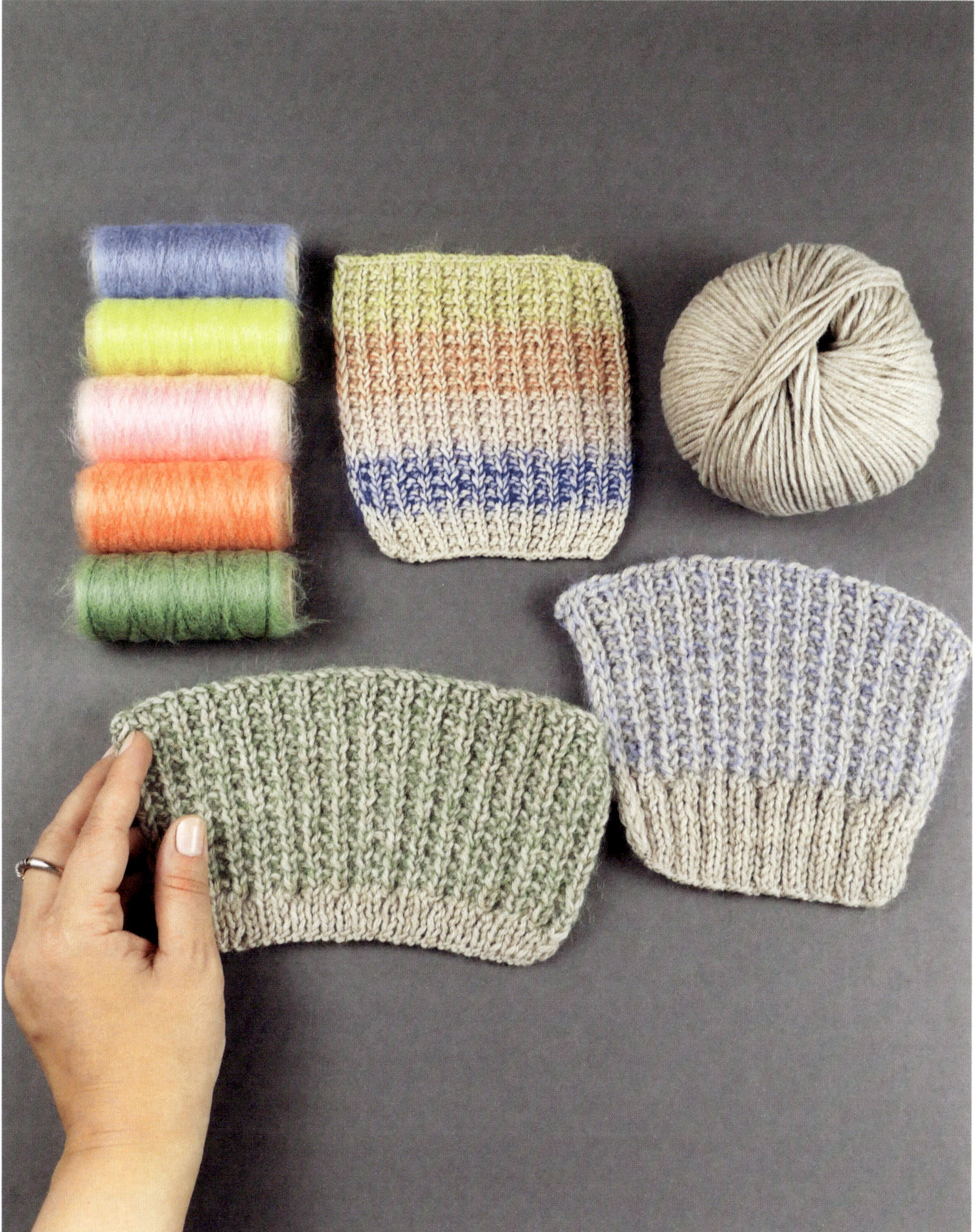

# FERTIGSTELLUNG UND WÄSCHE

Einige Modelle im Buch werden in einem Stück gestrickt. Andere werden in Teilen gefertigt und anschließend zusammengenäht. Ich empfehle immer, das Kleidungsstück komplett fertigzustellen, die Fäden einzuweben und die Enden etwa 1 cm lang zu lassen. Die Wäsche ist das i-Tüpfelchen eures Strickprojektes. Alle Garne, ob Knäuel oder Kone, haben eine leichte Werksappretur, die durch die Wäsche entfernt werden soll. Die Garne können sich in voller Pracht entfalten und Form annehmen.

Wenn ihr euch um ein unebenes Maschenbild sorgt, ist die Wäsche auch hier die Lösung. Durch die mechanische Einwirkung des Wassers legen sich die Maschen oft zurecht.

Ich empfehle bei fast allen Garnen die Handwäsche bei ca. 25–30°C: Taucht das Kleidungsstück in das lauwarme Wasser mit mildem Wollwaschmittel und lasst es ein paar Minuten liegen – nur bei Mohair-Garnen empfehle ich, die Zeit unter 10 Minuten zu halten, da sonst die feinen Härchen verloren gehen. Spült es anschließend mit lauwarmem Wasser aus und drückt es anschließend vorsichtig aus. Wringt es auf keinen Fall!

Legt es flach auf ein Handtuch und rollt es ein. Quetscht dabei das Wasser aus dem Strickstück durch das Handtuch aus. Sobald der Pullunder handtuchtrocken ist, breitet ihn auf einem trockenen Handtuch aus und lasst ihn liegend trocknen.

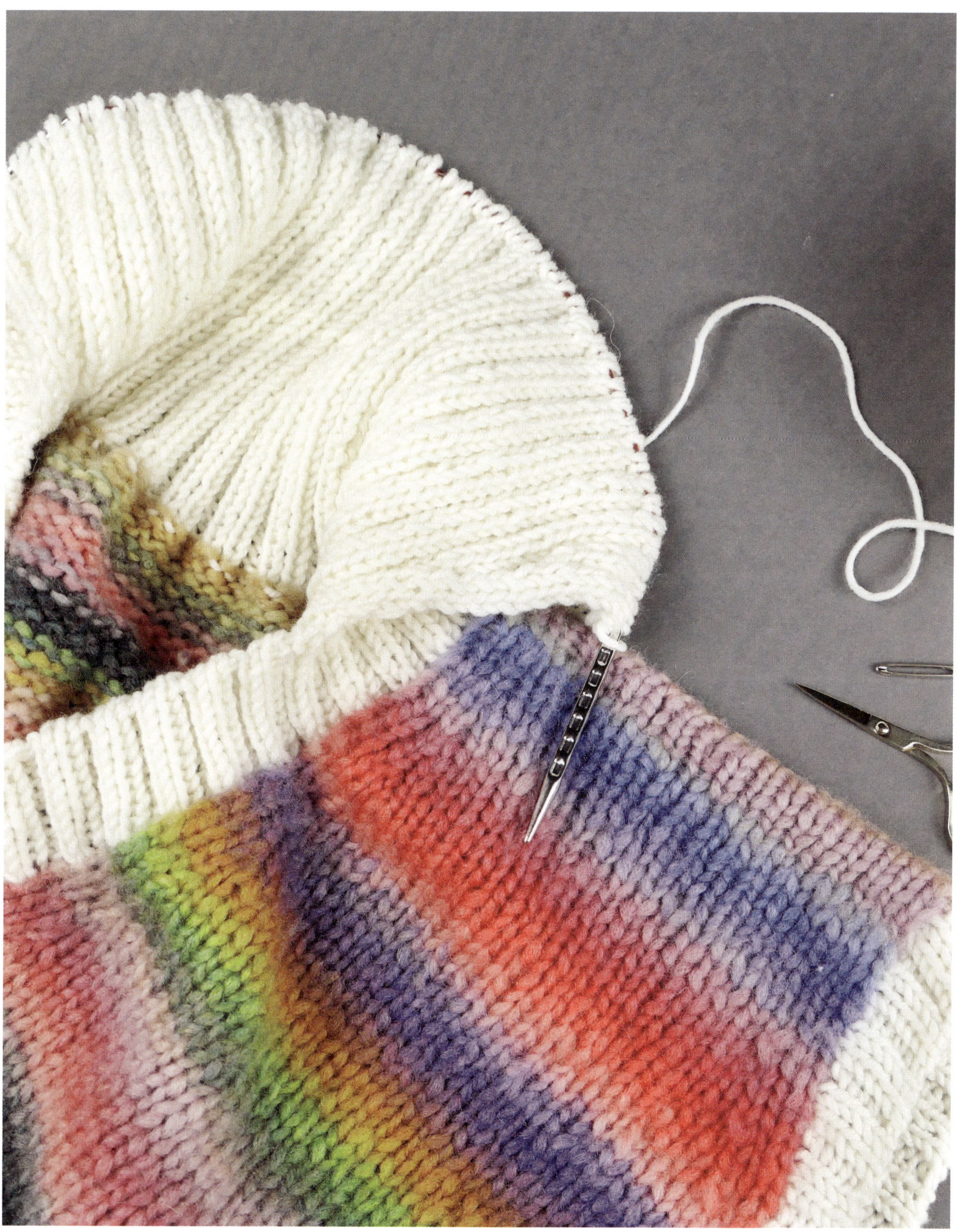

# MODELLE ANPASSEN

## BÜNDCHEN

Das Bündchen sehe ich immer als den Rahmen des Strickteils an. Es verfolgt die Kontur des Strickmusters oder setzt ihm Grenzen. Je breiter das Bündchen, desto mehr Akzent fällt darauf. Das Bündchen kann auch nahezu unsichtbar sein und nur den Sitz des Pullunders unterstützen. Strickt einfach ein paar Reihen mehr als in der Anleitung angegeben ist oder macht das Bündchen asymmetrisch in Vorder- und Rückteil. Diese wenigen Reihen Unterschied können viel ausmachen!

## TEXTUREN

Es gab noch nie eine so große Vielfalt an Handarbeitsgarnen – von Kone bis Knäuel – wie jetzt! Ob glatt wie Seide, luftig, dicht und weich oder flauschig wie Fell – es ist für jede*n etwas dabei.

Die verschiedenen Garnqualitäten können nicht nur die Haptik und Optik des Strickteils verändern, sie geben auch die funktionellen Eigenschaften an. So wird aus einem sommerlichen Leinen-Seiden-Mix durch Zufügen eines feinen Mohairfadens etwas für die kälteren Herbsttage.

Bei einigen Modellen in diesem Buch habe ich Garnqualitäten direkt in der Masche gemischt oder ich habe sie aufeinander folgen lassen, um ein simples Muster ausgeklügelter wirken zu lassen.

## FARBEN

Bei manchen Modellen habe ich mich entschieden, statt des klassischen Beige oder einer Schwarz-Weiß-Kombination auf Farbe, Farbe und nochmal Farbe zu setzen.

Ja, dazu gehört auch, ein paar Minuten mehr im Lieblingswollladen zu verbringen, was ich besonders gut kann, bzw. online die Farbkarten intensiv zu durchstöbern.

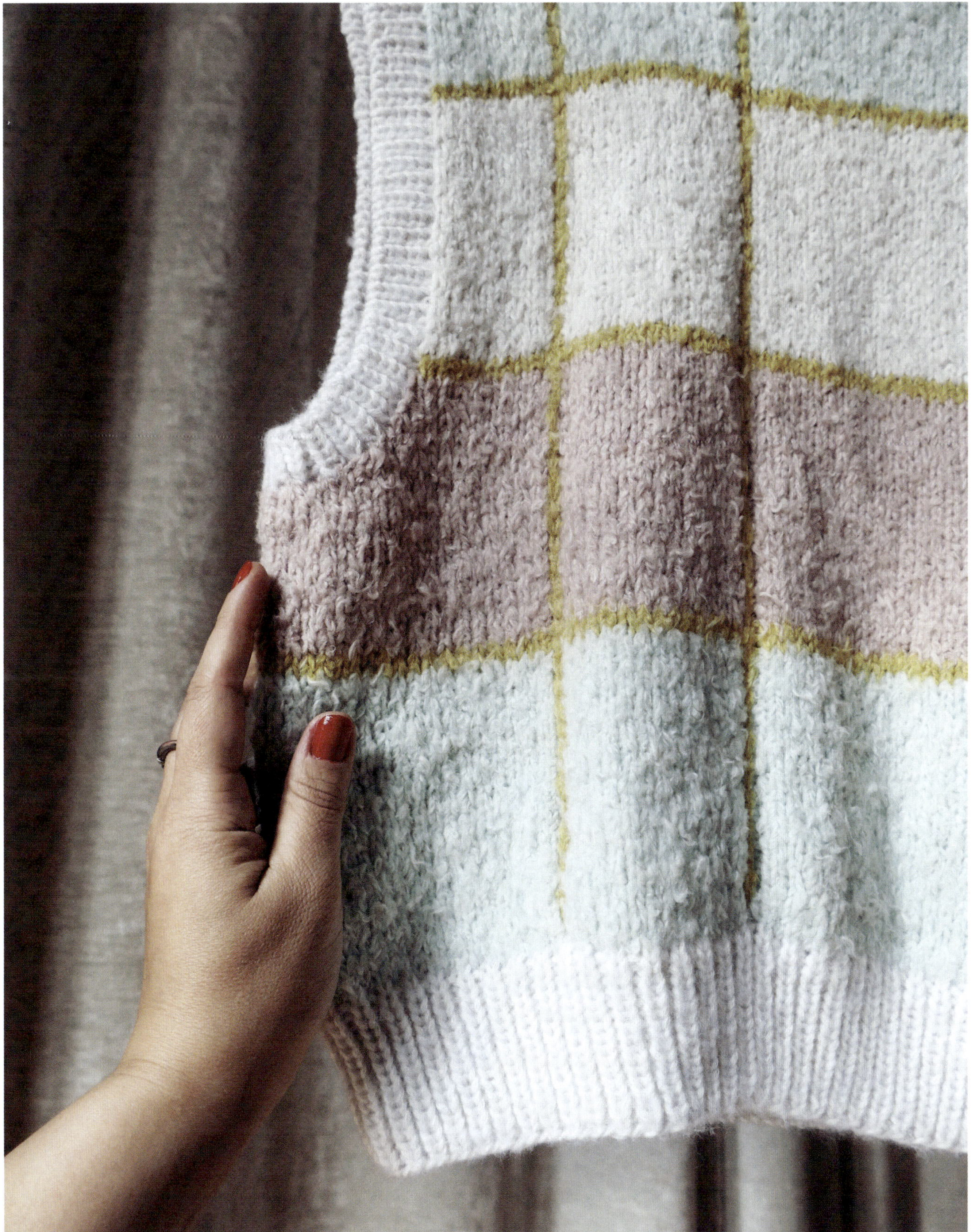

## LÄNGEN

Was Kleidungstücke angeht, haben wir alle eine bevorzugte Länge, die dem Kleidungsstil entspricht und meistens auch der Figur schmeichelt.

Besonders bei Oberteilen kann man durch ein paar Zentimeter einen ganz neuen Look kreieren. Die leidenschaftlichen Stricker*innen unter euch ermuntere ich also auf diesem Weg, weiter- und weiterzustricken – und so aus einem Pullunder ein Mini-, oder gar ein Midikleid zu arbeiten.

## SCHLITZE

Vielleicht kennt ihr das auch: Man schneidet ein T-Shirt leicht an der Seite ein, und schon hat es einen ganz anderen Sitz. So verhält es sich auch mit Schlitzen an den Taillenbündchen. Macht ihr sie richtig lang und die Seitennaht kurz, sitzt der Pullunder gleich viel lockerer. Möchtet ihr die Taille mehr betonen, lasst die Schlitze einfach weg und strickt ein einheitliches Bündchen.

## OVERSIZED ODER KÖRPERNAH

Sobald ihr eure Größe für die Modelle ermittelt habt, könnt ihr loslegen. Wie wäre es aber, wenn ihr euch für eine bis zwei Größen größer entscheidet? So entsteht ein Oversized-Pullunder, der den modernen Silhouetten an weiten, kastigen Formen nahekommt.

Genauso könnt ihr auch mit kleineren Größen und Maßen spielen und so eine körpernahe Form zaubern.

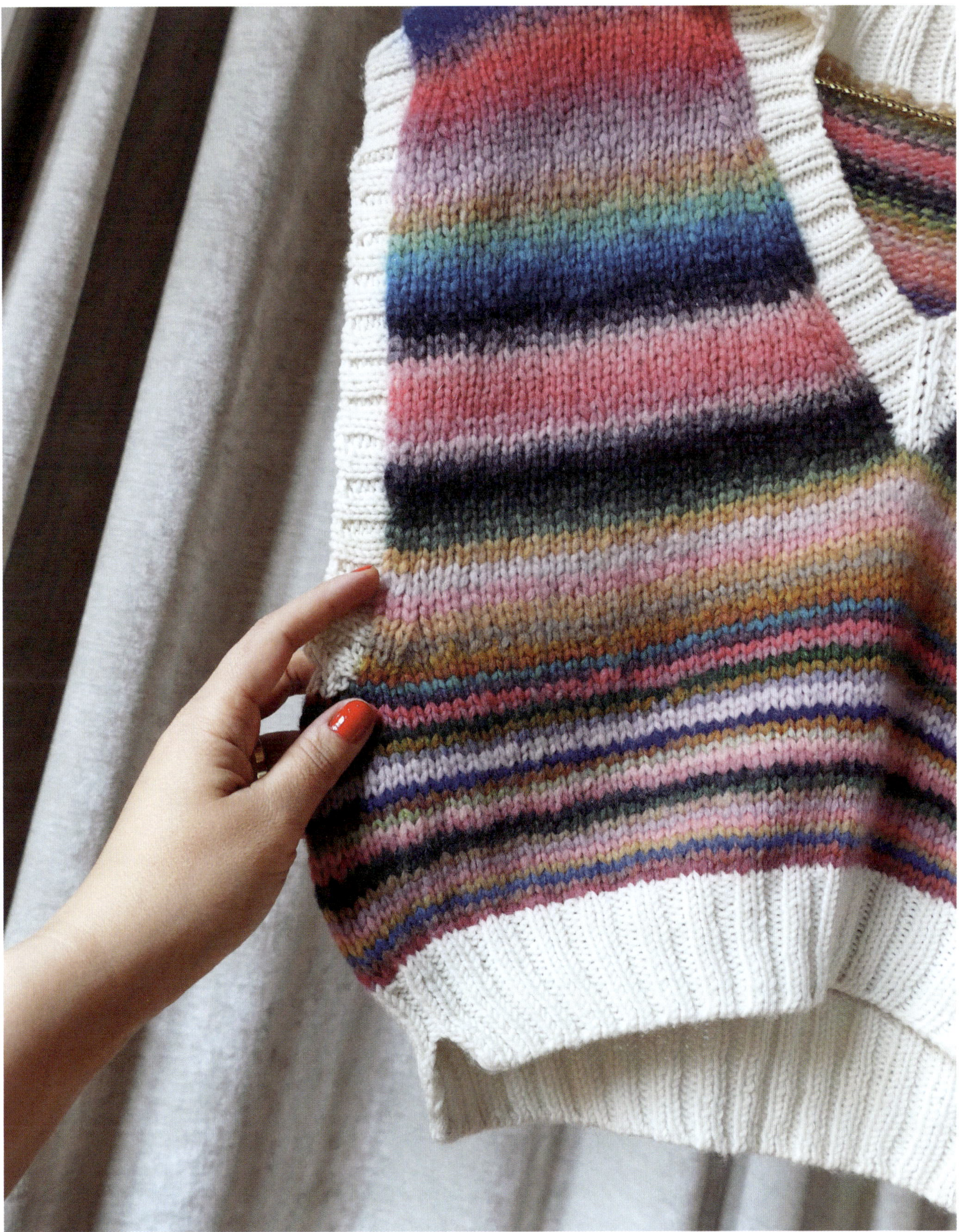

# ABKÜRZUNGEN

**abn/Abn** – abnehmen/Abnahme(n)

**anschl** – anschlagen

**Frb** – Farbe(n)

**gen** – geneigt

**HP** – Halbpatent

**ital anschl** – italienisch anschlagen

**ital abketten** – italienisch abketten

**KP** – Kleines Perlmuster

**li M** – linke Masche(n)

**li** – links

**M** – Masche(n)

**MA** – Maschenanschlag

**MM** – Maschenmarkierer

**nM** – nach Muster

**QF** – Querfaden

**R** – Reihe(n)

**R/Rd-Anfg** – Reihe-/Rundennanfang

**R/Rd-Ende** – Reihen-/Rundenende

**Rd** – Runde(n)

**re M** – rechte Masche(n)

**re** – rechts

**RM** – Randmasche(n)

**RT** – Rückteil

**schl** – schließen

**U** – Umschlag/Umschläge

**VM** – Vordere Mitte

**VT** – Vorderteil

**wdh** – wiederholen

**zun/Zun** – zunehmen/Zunahme(n)

**zus** – zusammen

| | |
|---|---|
|  | re M |
|  | li M |
|  | Umschlag |
| 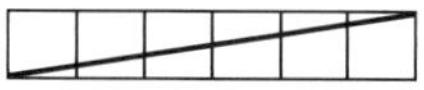 | 6 M nach re miteinander verkreuzen |
| 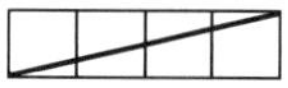 | 4 M nach re miteinander verkreuzen |
| 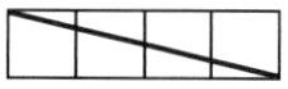 | 4 M nach li miteinander verkreuzen |

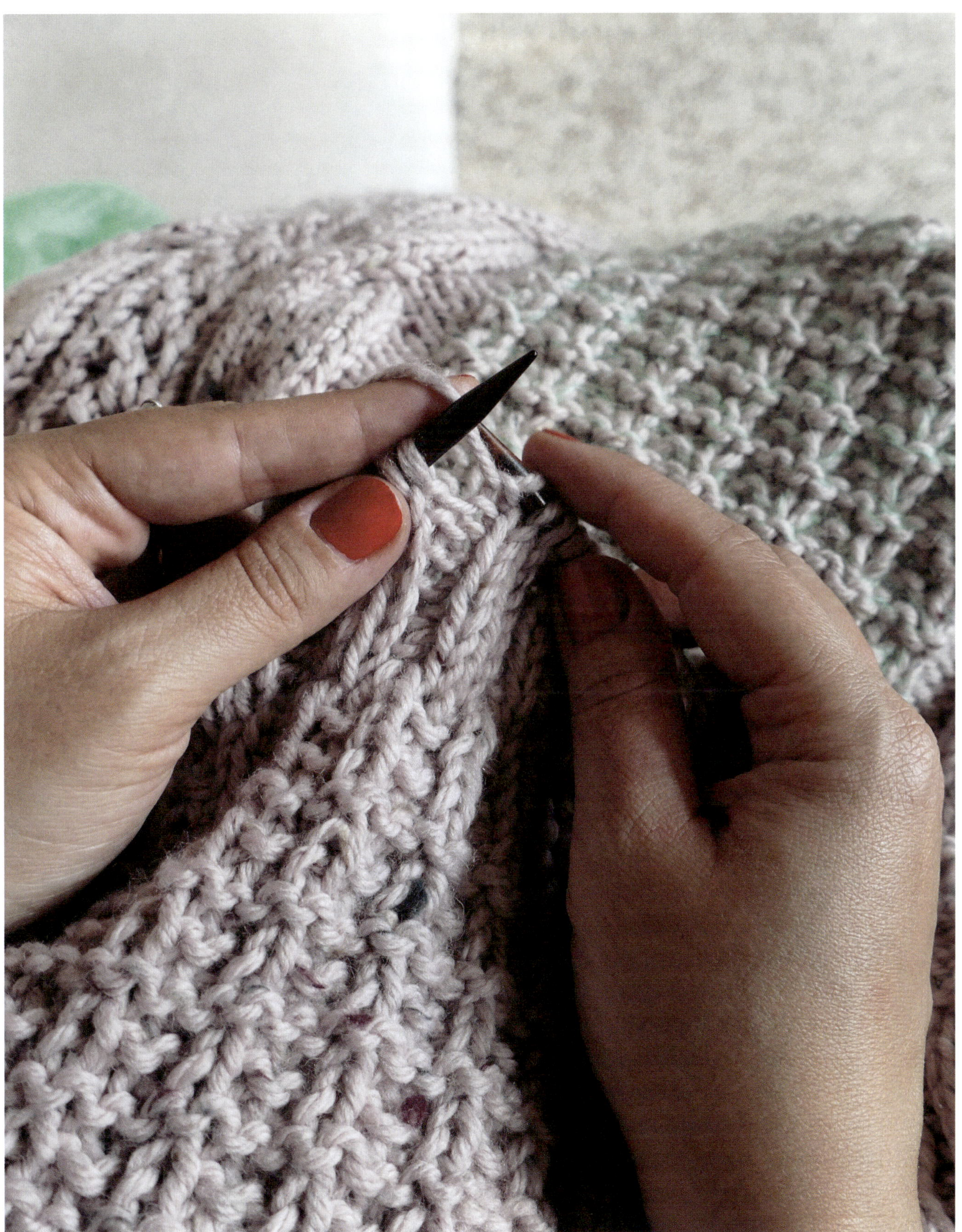

# STRICK-TECHNIKEN

# STRICKTECHNIKEN

## ELASTISCHER MASCHENANSCHLAG

(NORWEGISCHER MASCHENANSCHLAG)

Den End- und Arbeitsfaden genauso wie beim Kreuzanschlag über die Finger legen und die erste Masche, wie beim Kreuzanschlag, bilden.

Der Arbeitsfaden liegt auf dem Zeigefinger, der Endfaden läuft von hinten nach vorne um den Daumen.

Die Nadel nun von unten hinter die Schlinge um den Daumen führen und den hinteren Faden von oben nach unten ziehen, sodass eine Schlinge auf der Nadel bleibt.

Die Schlinge nun zum Zeigefinger führen, mit der Nadel den Faden greifen und eine Masche durch die Schlinge auf der Nadel herausziehen. Die Fäden von den Fingern gleiten lassen und zuziehen. Fortlaufend wiederholen, bis die gewünschte Maschenanzahl angeschlagen ist.

**„Diese Art des Maschenanschlags ergibt eine besonders strapazierfähige und elastische Anschlagkante."**

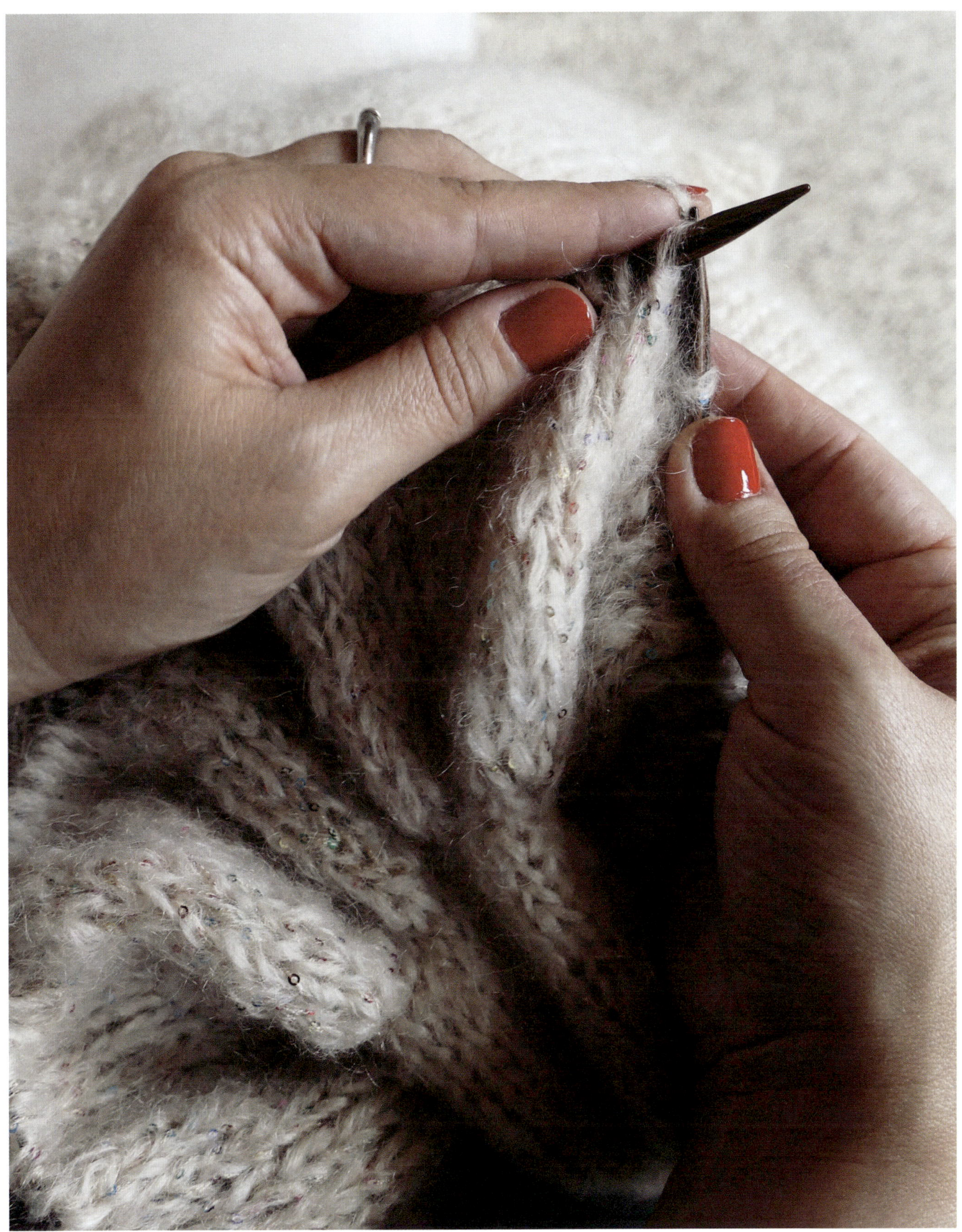

## ITALIENISCHER MASCHENANSCHLAG RIPPE 1 X 1

Den Faden etwa 3x so lang wie die gewünschte Anschlaglänge abwickeln. Die erste Masche im Kreuzanschlag bilden. Fadenenden von unten mit Zeigefinger und Daumen spannen. Zunächst den Daumenfaden aufschlingen. Die Nadel von unten unter dem Daumenfaden in die Lücke zwischen Daumen und Zeigefinger führen. Die Nadel nach hinten über den Zeigefingerfaden bewegen und anschließend unter allen Fäden nach vorne holen. Dann die Nadel direkt nach oben führen, sodass sich eine Schlinge auf der Nadel formt. Nächste Masche bilden. Den Zeigefingerfaden von unten aufnehmen, sodass sich die Nadelspitze erneut in dem Fadendreieck befindet. Abwechselnd 1. und 2. Masche bilden, bis sich die gewünschte Anzahl der Maschen auf der Nadel befindet.

**1. Reihe:**

Eine Randmasche abheben, Maschen, die nach rechts geneigt erscheinen, rechts stricken. Die Maschen, die links erscheinen, auf die Arbeitsnadel abheben, ohne sie zu stricken. Faden bleibt vor der Masche. Bis Reihenende wiederholen.

**2. Reihe:**

Rechte Maschen stricken, linke Maschen abheben, ohne sie zu stricken, Faden bleibt vor der Masche. Nach den zwei Reihen zur Rippe 1 x 1 übergehen.

## ITALIENISCHER MASCHENANSCHLAG RIPPE 2 X 2

Dieser Maschenanschlag wird mit einem Hilfsfaden gefertigt. Auf den Nadeln mit dem Hilfsfaden die Hälfte der gewünschten Maschenanzahl anschlagen. Faden abschneiden, den Arbeitsfaden aufnehmen und vier Reihen glatt rechts stricken.
In der fünften Reihe abwechselnd zwei Maschen rechts stricken, dann die unterste Schlinge des Arbeitsfadens aus der ersten Reihe als Masche auf die Nadel heben und links abstricken. Wiederholen. Abwechselnd so zwei rechte und zwei linke Maschen stricken bis Reihenende.
Die Maschenanzahl muss nun der gewünschten Anzahl entsprechen.

Weiter Rippe 2 x 2 stricken. Den Hilfsfaden entfernen.

Für diesen Maschenanschlag werden die ersten zwei Reihen genauso gearbeitet wie für den italienischen Maschenanschlag in Rippe 1 x 1.

Weiter die Maschen folgendermaßen stricken:

Randmasche abheben.

**1. Reihe:**

Erste rechte Masche stricken, nächste linke Masche mit der rechten Masche verkreuzen, dann rechte Masche stricken.

**2.Reihe:**

Weiter zwei linke Maschen stricken. Schritte 1 und 2 bis Ende der Reihe wiederholen.

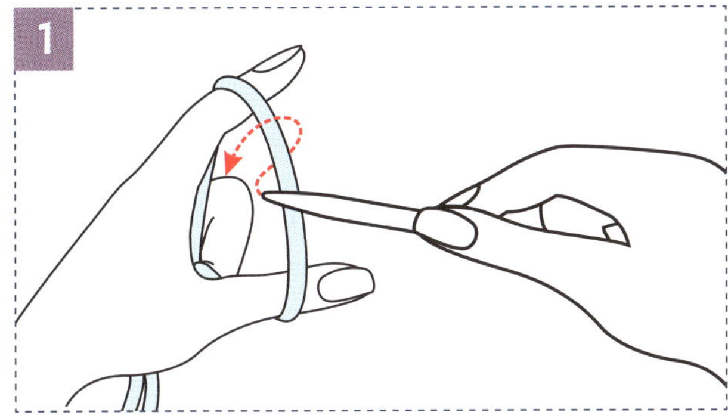


Faden über Daumen und Zeigefinger platzieren und eine Schlaufe auf die Nadel legen, sodass der Zeigefingerfaden über dem Daumenfaden liegt. Das Fadenende dabei ebenso wie beim Kreuzanschlag in etwa 3x so lang lassen wie die zukünftige Anschlagkante.

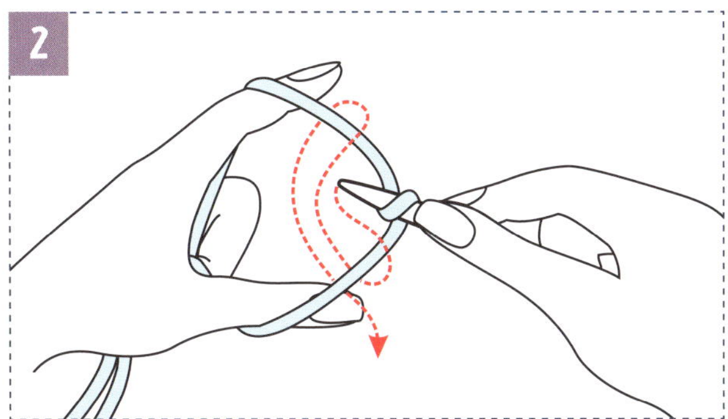


Den Zeigefingerfaden unter dem Daumenfaden hindurchholen und als Schlinge auf die Nadel legen.

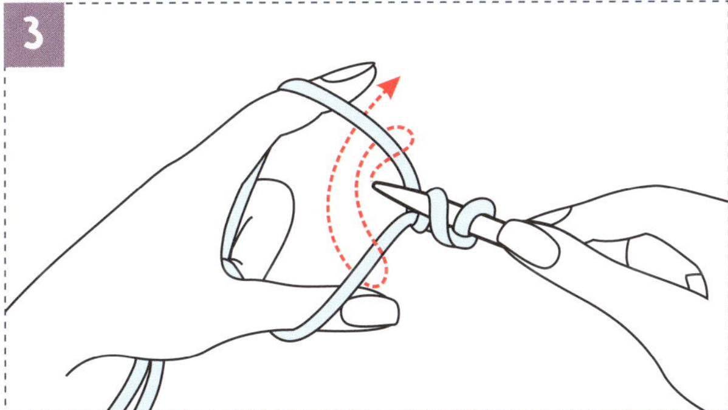


Für die nächste Schlinge die Nadel über den Zeigefingerfaden führen und den Daumenfaden fassen, nach oben holen und auf die Nadel legen.

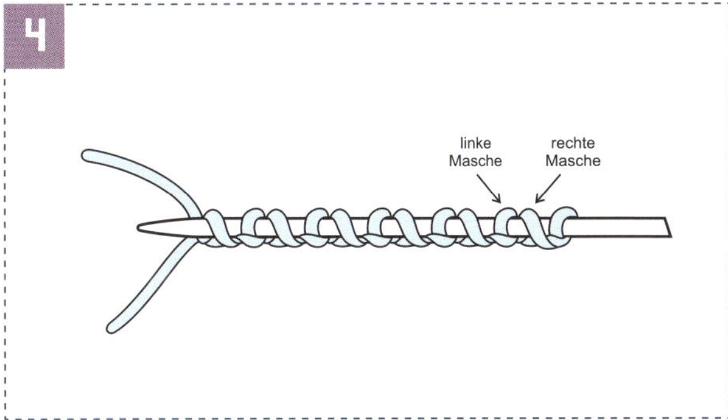


Diese beiden Schritte abwechselnd wiederholen, bis die gewünschte Anzahl Maschen als Schlingen auf der Nadel liegt.

Achtet darauf, dass die neuen Maschen sich nicht verdrehen. Rechte und linke Maschen könnt ihr dann gut erkennen. Allerdings liegen in dieser Grundreihe die rechten Maschen noch verkehrt herum auf der Nadel! Sie müssen in der nächsten Reihe also verschränkt abgestrickt werden.

## ITALIENISCH ABKETTEN RIPPE 1 X 1

1. Die Maschennadel mit Strickstück in der linken Hand halten. Die Wollnadel mit dem eingefädelten Endgarn in der rechten Hand in die Randmasche und in die erste rechte Masche von hinten einstechen. Faden durchziehen. Masche auf der Nadel lassen.

2. Mit der Wollnadel nochmals in die Randmasche und dann in die folgende linke Masche von vorne nach hinten einstechen, den Faden durchziehen und die Randmasche von der Nadel gleiten lassen.

3. Wieder in die vorhergehende rechte Masche von vorne nach hinten einstechen, die Masche von der Nadel gleiten lassen. Von hinten nach vorne in die folgende rechte Masche einstechen und die Masche auf der Nadel lassen.

4. Nun in die vorhergehende linke Masche von hinten und in die folgende linke Masche von vorne einstechen. Dabei immer nur die erste Masche von der Nadel gleiten lassen.

Schritt 3 und 4 bis Reihenende fortsetzen.

## ITALIENISCH ABKETTEN RIPPE 2 X 2

1. Die Maschennadel mit Strickstück in der linken Hand halten. Die Wollnadel mit dem eingefädelten Endgarn in der rechten Hand in die erste, beispielsweise rechte Masche von vorne nach hinten einstechen und in die nächste rechte Masche von hinten nach vorne einstechen. Faden durchziehen. Erste rechte Masche von der Nadel gleiten lassen.

2. Mit der Wollnadel in die folgende linke Masche von hinten nach vorne einstechen und in die nächste linke Masche von vorne nach hinten einstechen, den Faden durchziehen und von der Nadel gleiten lassen.

3. Wieder in die vorhergehende rechte Masche von vorne nach hinten einstechen, die Masche von der Nadel gleiten lassen. Dann in die nächste rechte Masche von hinten nach vorne einstechen. Den Faden durchziehen.

4. Nun in die vorhergehende linke Masche von hinten und in die folgende linke Masche von vorne einstechen. Dabei immer nur die erste Masche von der Nadel gleiten lassen.

Schritt 3 und 4 bis Reihenende fortsetzen.

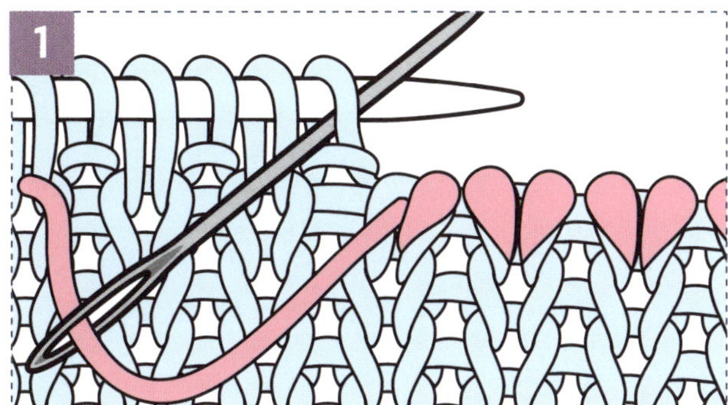


Zieht den in eine Wollnadel eingefädelten Faden von links nach rechts durch die linke Masche.

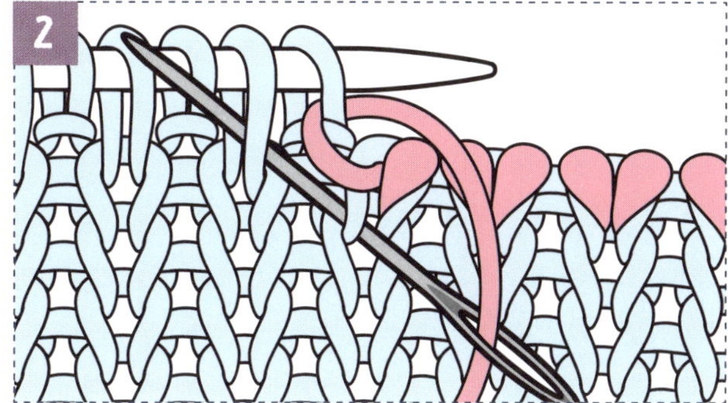


Zieht den Faden von rechts nach links erst durch die vorherige rechte Masche und dann durch die zweite Masche auf der Nadel (ebenfalls eine rechte Masche).

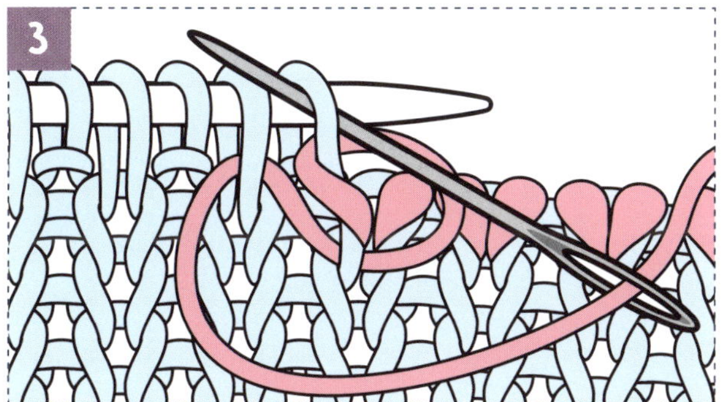


Zieht den Faden von rechts nach links noch einmal durch die erste linke Masche. Lasst dann die beiden bearbeiteten Maschen von der linken Nadel gleiten.

## PATENTMASCHEN-ABNAHMEN LINKS GENEIGT

Bei diesen Abnahmen werden jeweils drei Maschen bzw. zwei Rippen (re, li, re), zu einer Masche zusammengestrickt.

In die drei Maschen von rechts nach links einstechen und eine rechte Masche herausstricken.

## PATENTMASCHEN-ABNAHMEN RECHTS GENEIGT

Bei diesen Abnahmen werden jeweils drei Maschen bzw. zwei Rippen, (re, li, re) zu einer Masche zusammengestrickt.

Die drei Maschen (re, li, re) mit der Arbeitsnadel abheben und jeweils gewendet wieder auf die Maschennadel setzen. In alle drei Maschen von links nach rechts einstechen und eine rechte Masche herausstricken.

## PATENTMASCHEN-ZUNAHMEN

Bei diesen Zunahmen werden aus einer Masche drei Maschen herausgestrickt, also 2 Maschen zugenommen.

**Hin-Reihe:** In die rechte Masche einstechen, eine Masche rechts herausstricken, eine Masche als Umschlag aufnehmen, noch einmal in die Masche einstechen und eine rechte Masche herausstricken.

**Rück-Reihe:** Die zugenommenen Maschen der Reihenfolge des Rippenmusters entsprechend stricken.

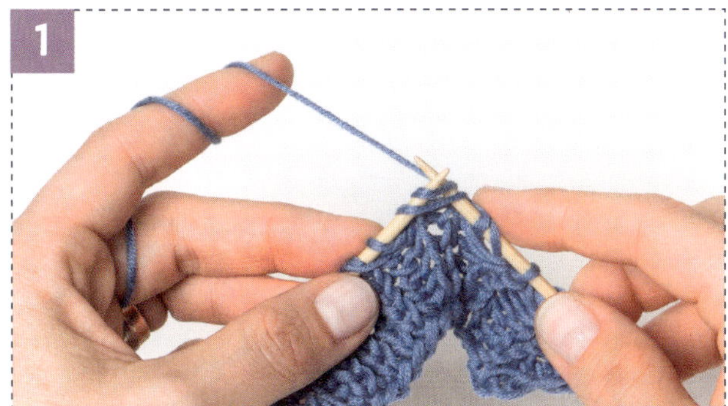


Beim einfarbigen Patentmuster strickt ihr in jeder Reihe jede rechts gestrickte Patentmasche zusammen …

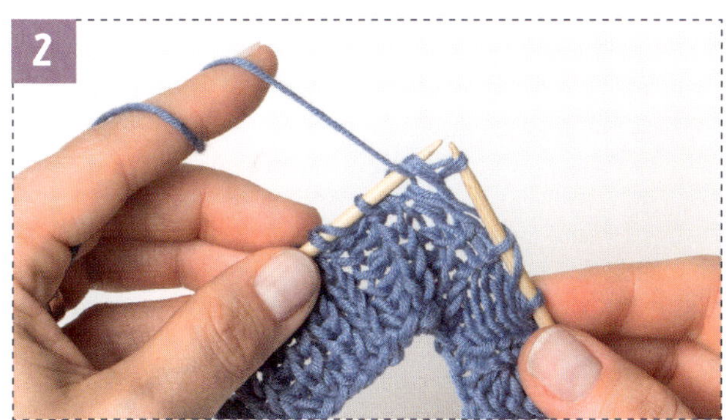


… mit dem Umschlag aus der Vorreihe rechts ab.

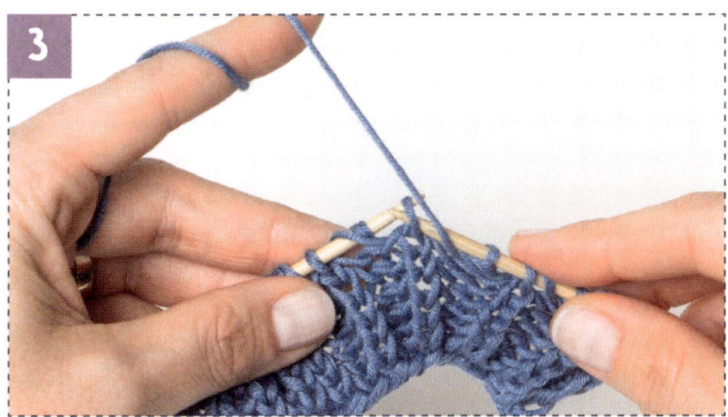


Die Maschen zwischen den Patentmaschen hebt ihr zusammen mit einem Umschlag einfach wie zum Linksstricken ab.

## PATENTMASCHEN LINKS STRICKEN

Alternativ könnt ihr das Patentmuster auch mit linken Patentmaschen stricken, in diesem Fall hebt ihr die rechten Maschen in jeder Reihe mit einem Umschlag ab und strickt die linken Maschen zusammen mit dem Umschlag der Vorreihe links ab.

**TIPP:**

***Besonders gut eignen sich der italienische Anschlag und das italienische Abketten für Patentmuster.***

# RECHTS GENEIGTE MASCHENABNAHME

Bei dieser Maschenabnahme liegt die erste Masche über der zweiten.
Von vorne in die erste, dann in die zweite Masche einstechen und beide rechts zusammenstricken.

1

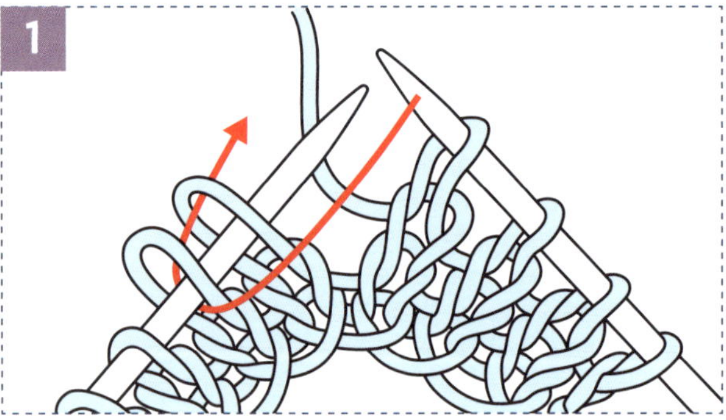

Führt die rechte Nadel von links nach rechts erst durch die übernächste, dann durch die nächste Masche auf der linken Nadel.

2

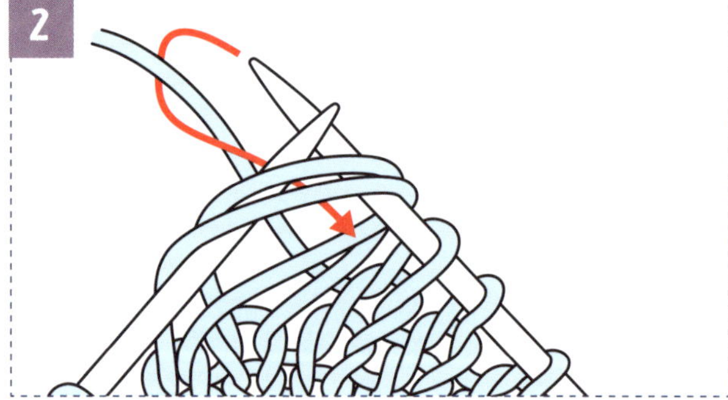

Holt den Arbeitsfaden wie zum Rechtsstricken durch.

3

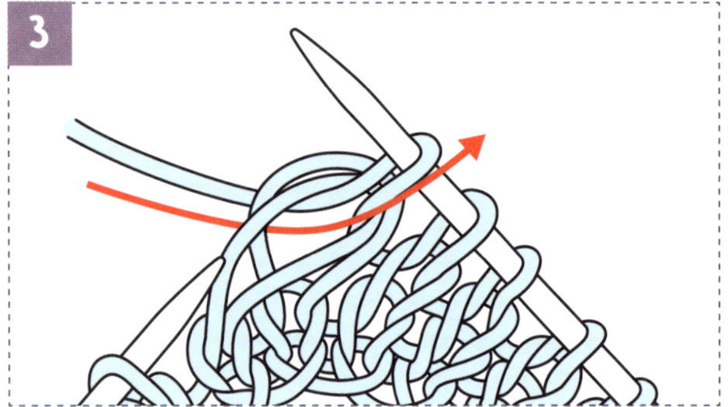

Lasst beide Maschen von der linken Nadel gleiten. Auf diese Weise könnt ihr natürlich auch drei oder mehr Maschen zusammenstricken.

**TIPP:**

***Als kleine Merkregel für Abnahmen am Rand gilt: Die Abnahme sollte immer parallel zum Rand verlaufen. Wenn ihr am linken Rand eine Abnahme strickt, wird sich der Rand nach rechts neigen. ihr solltet also entsprechend eine nach rechts geneigte Abnahme stricken. Und umgekehrt.***

## LINKS GENEIGTE MASCHENABNAHME

Dieser Vorgang wird auch als "rechts verschränkt zusammenstricken" bezeichnet. Bei dieser Maschenabnahme liegt die zweite Masche über der ersten. Zwei Maschen nacheinander mit der Arbeitsnadel abheben und gewendet wieder auf die Maschennadel setzen. Von links nach rechts in die Maschen einstechen und beide rechts zusammenstricken.

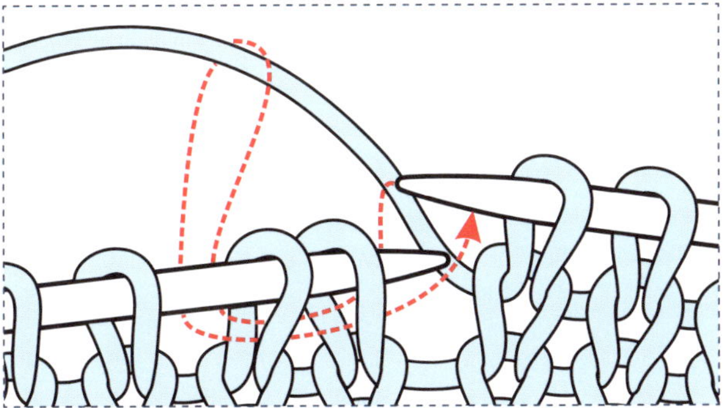

Führt die rechte Nadel hinten von rechts nach links durch die nächsten beiden Maschen und strickt sie verschränkt zusammen ab.

### HINWEIS

***Diese Abnahme wird auf linkem Untergrund gearbeitet und erscheint auf der linken Seite nach rechts geneigt. Sie wird daher am linken Rand ausgeführt. Auf der anderen Seite (rechte Seite) erscheint sie nach links geneigt.***

**„Die Abnahme sollte immer parallel zum Rand verlaufen."**

# RECHTS GENEIGTE ZUNAHME AUS DEM QUERFADEN

Bis zur gewünschten Zunahmestelle nach Muster stricken. Mit der Arbeitsnadel von hinten unter den Querfaden einstechen und diesen als Umschlag auf die Maschennadel heben. Von rechts nach links in den Umschlag einstechen und eine Masche herausstricken.

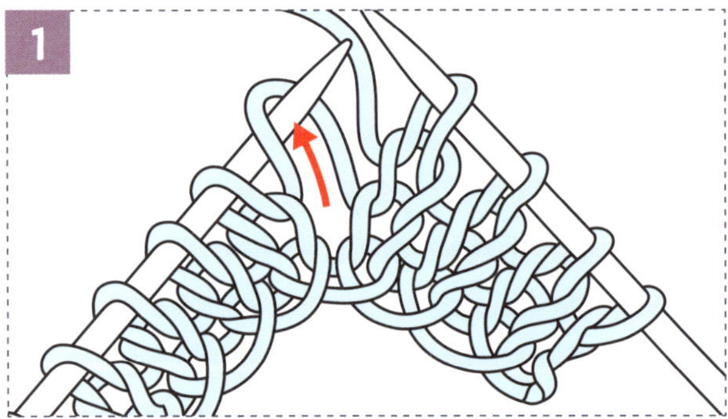


Mit der linken Nadel von hinten den Querfaden zwischen der rechten und linken Nadel aufnehmen.

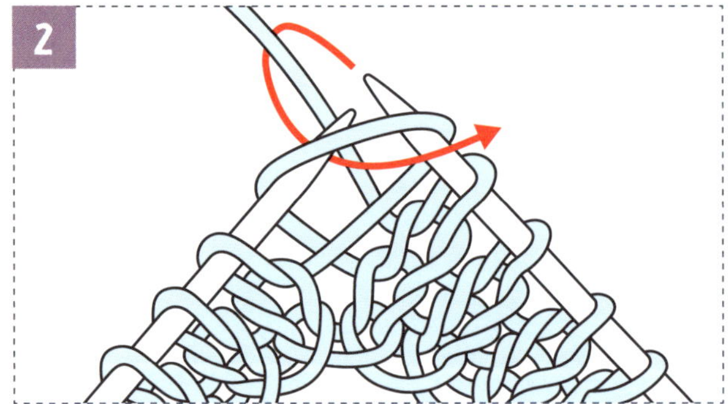


Diesen Querfaden normal rechts abstricken …

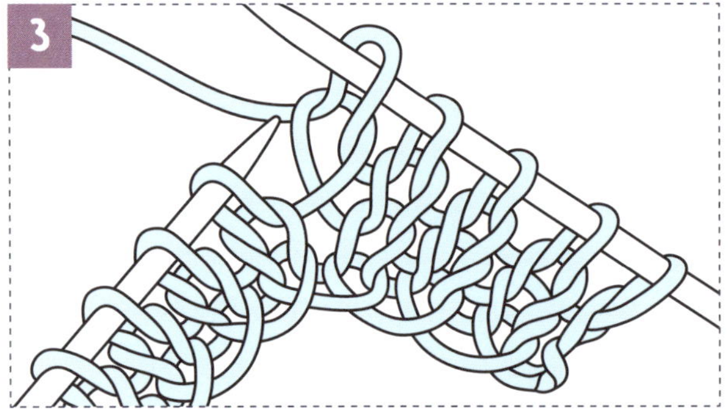


… und von der linken Nadel gleiten lassen.

## ESELSBRÜCKE

Für die Neigung, die durch die Aufnahme des Querfadens von vorn oder von hinten entsteht, verrate ich leuch eine Eselsbrücke: „Ich **LI**ess die **VORDER**tür offen" (von der Vorderseite aufgenommener Querfaden ergibt eine nach links geneigte Zunahme) und „Ich bin **RE**chtzeitig zu**RÜCK**" (von der Rückseite aufgenommener Querfaden ergibt eine nach rechts geneigte Zunahme).

# LINKS GENEIGTE ZUNAHME AUS DEM QUERFADEN

Bis zur gewünschten Zunahmestelle nach Muster stricken. Mit der Arbeitsnadel von vorne unter den Querfaden einstechen und diesen als Umschlag auf die Maschennadel heben. Von links nach rechts in den Umschlag einstechen und eine Masche herausstricken.

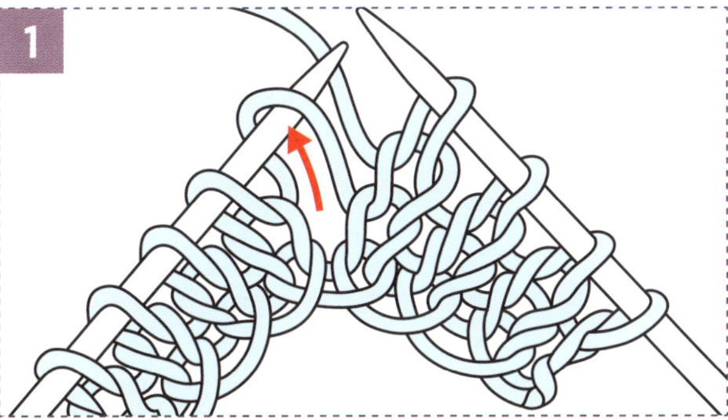


Mit der linken Nadel von vorn den Querfaden zwischen der rechten und linken Nadel aufnehmen.

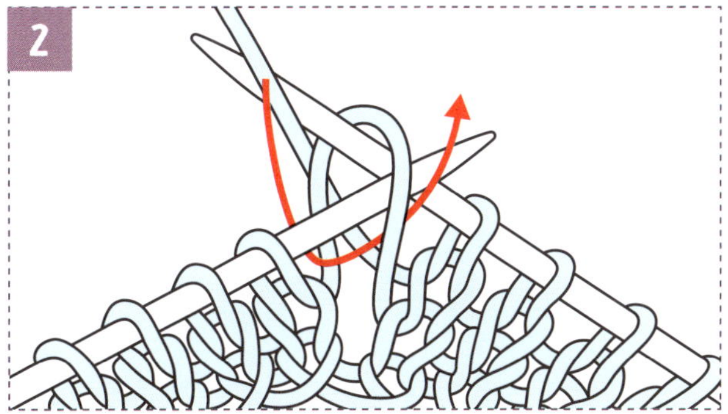


Diesen Querfaden rechts verschränkt stricken …

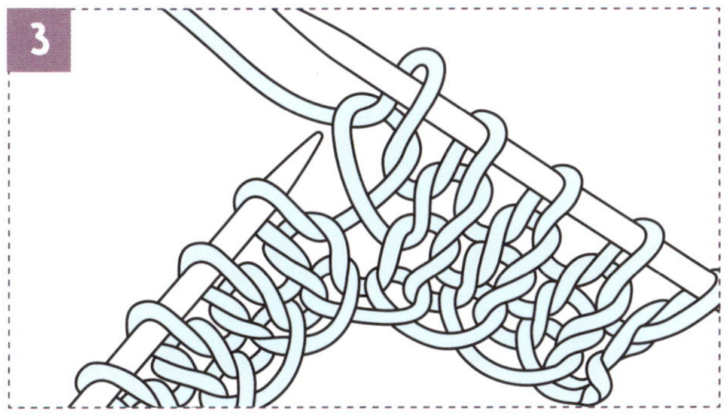


… und von der linken Nadel gleiten lassen.

**TIPP:**

*Die zugenommene Masche neigt sich nach links weg von der rechts daneben gearbeiteten Masche.*

## MASCHEN STILLLEGEN

Die Maschen werden für eine spätere Wiederaufnahme nicht abgekettet und dafür entweder auf ein Seil mit Stoppern, auf einen Maschenraffer oder auf einen Hilfsfaden gezogen.

## HÄKELSTICH AUS LUFTMASCHEN

Dieser Stich kann sowohl dekorativ als auch zum Schließen von Nähten eingesetzt werden.

Faden hinter das Strickstück legen und mit der Häkelnadel an der gewünschten Stelle in die linke Masche einstechen, eine Masche heraushäkeln. Diese Masche auf der Nadel lassen und in die nächste linke Masche im Strickstück über der ersten einstechen, eine weitere Masche heraushäkeln. Die erste über die zweite Masche ziehen. Fortlaufend wiederholen.

Beim Schließen der Seitennähe beide Kanten rechts auf rechts aufeinanderlegen und in beide Lagen neben dem Querfaden zur Randmasche einstechen und die Luftmaschenkette bilden.

## MATRATZENSTICH

Kanten aneinanderlegen. Passenden Faden durch die Wollnadel einfädeln. Die Nadel abwechselnd beidseitig durch den Querfaden zwischen Randmasche und erster Masche einstechen. Den Faden festziehen, sodass die Maschen dicht nebeneinander liegen. Fortlaufend wiederholen.

## MASCHENSTICH

Faden etwa 3x so lang wie die zu schließende Länge abwickeln und in die Wollnadel einfädeln. Von rechts nach links und von unten nach oben arbeiten.

Beide Maschenreihen auf Stricknadeln ziehen und parallel halten.

1. Die Nadeln mit dem Strickstück in der linken Hand halten. Die Wollnadel mit dem eingefädelten Endgarn in der rechten Hand in die Randmasche und in die erste Masche unten von hinten einstechen. Den Faden durchziehen. Die Masche auf der Nadel lassen.

2. Mit der Wollnadel nochmals in die Randmasche und dann in die folgende Masche von vorne nach hinten einstechen, den Faden durchziehen und die Randmasche von der Nadel gleiten lassen.

3. Auf die Gegenseite wechseln. In die erste Masche von vorne nach hinten einstechen, die Masche von der Nadel gleiten lassen. Von hinten nach vorne in die folgende Masche einstechen und die Masche auf der Nadel lassen.

Schritt 2 und 3 bis Reihenende fortsetzen.

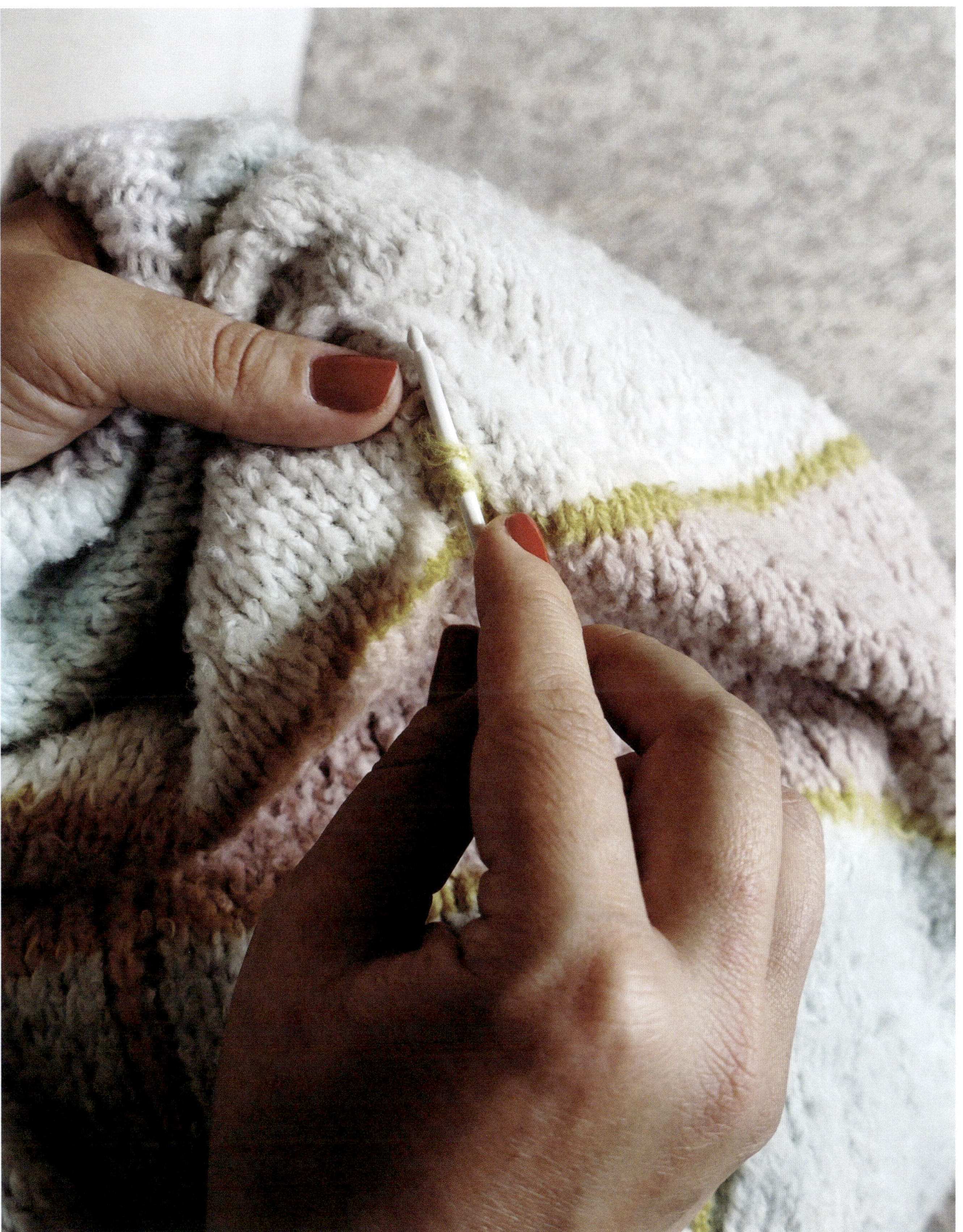

# PROJEKTE

# FÜR ANFÄNGER*INNEN

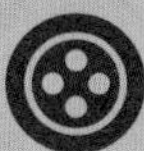

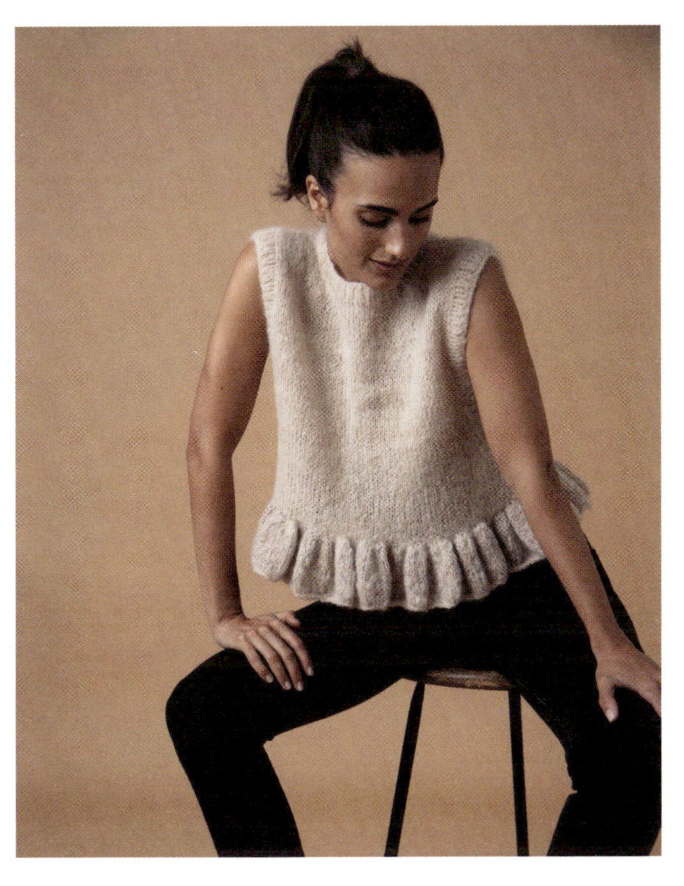
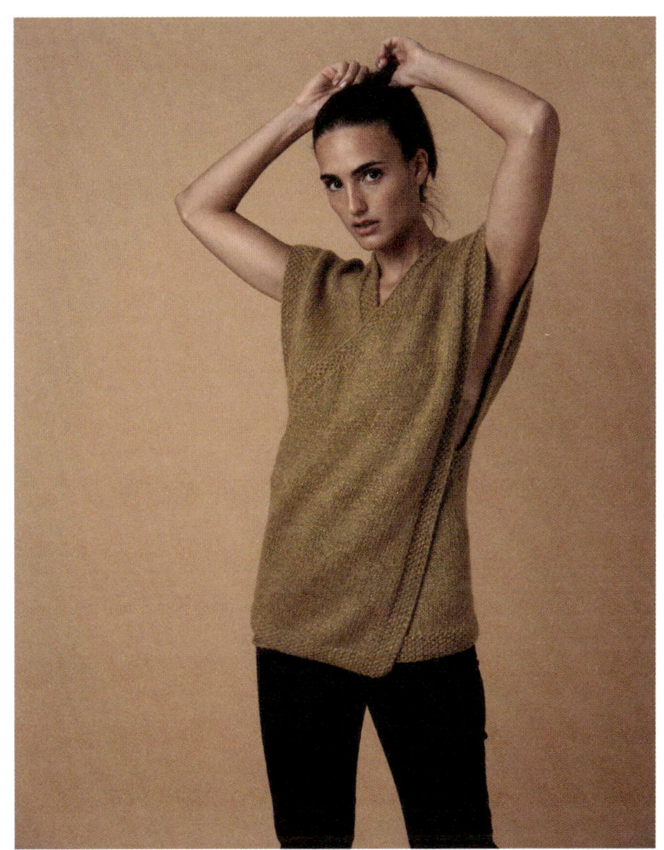
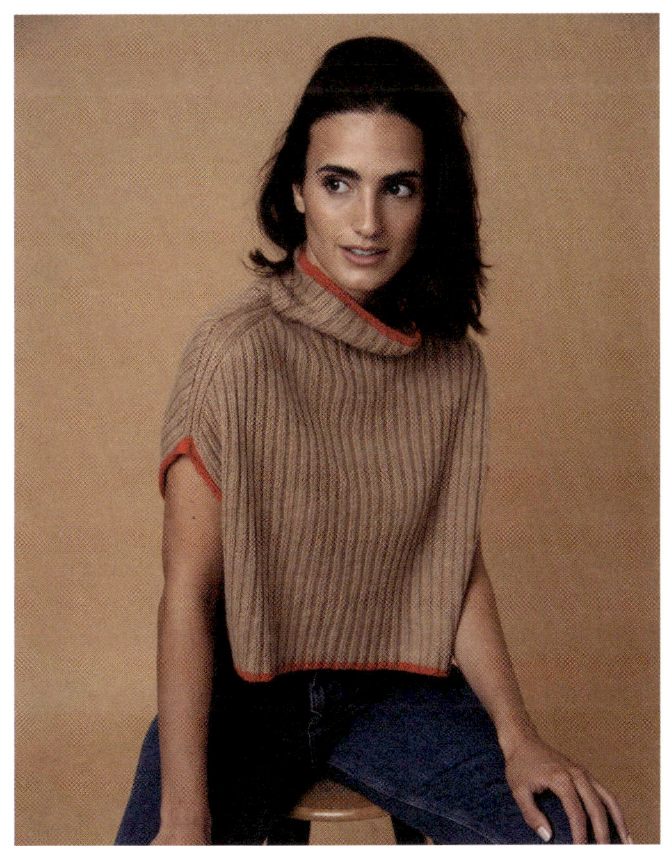
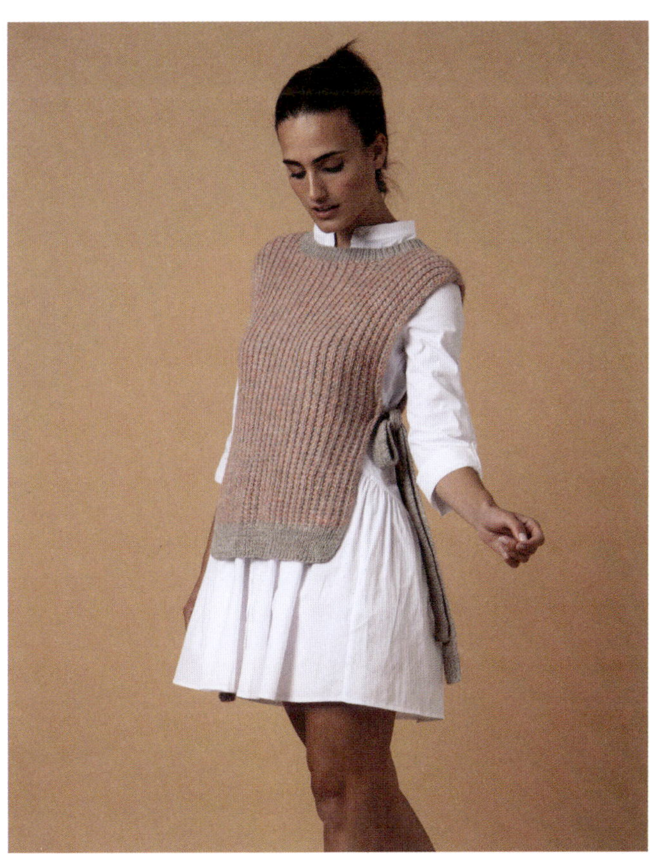

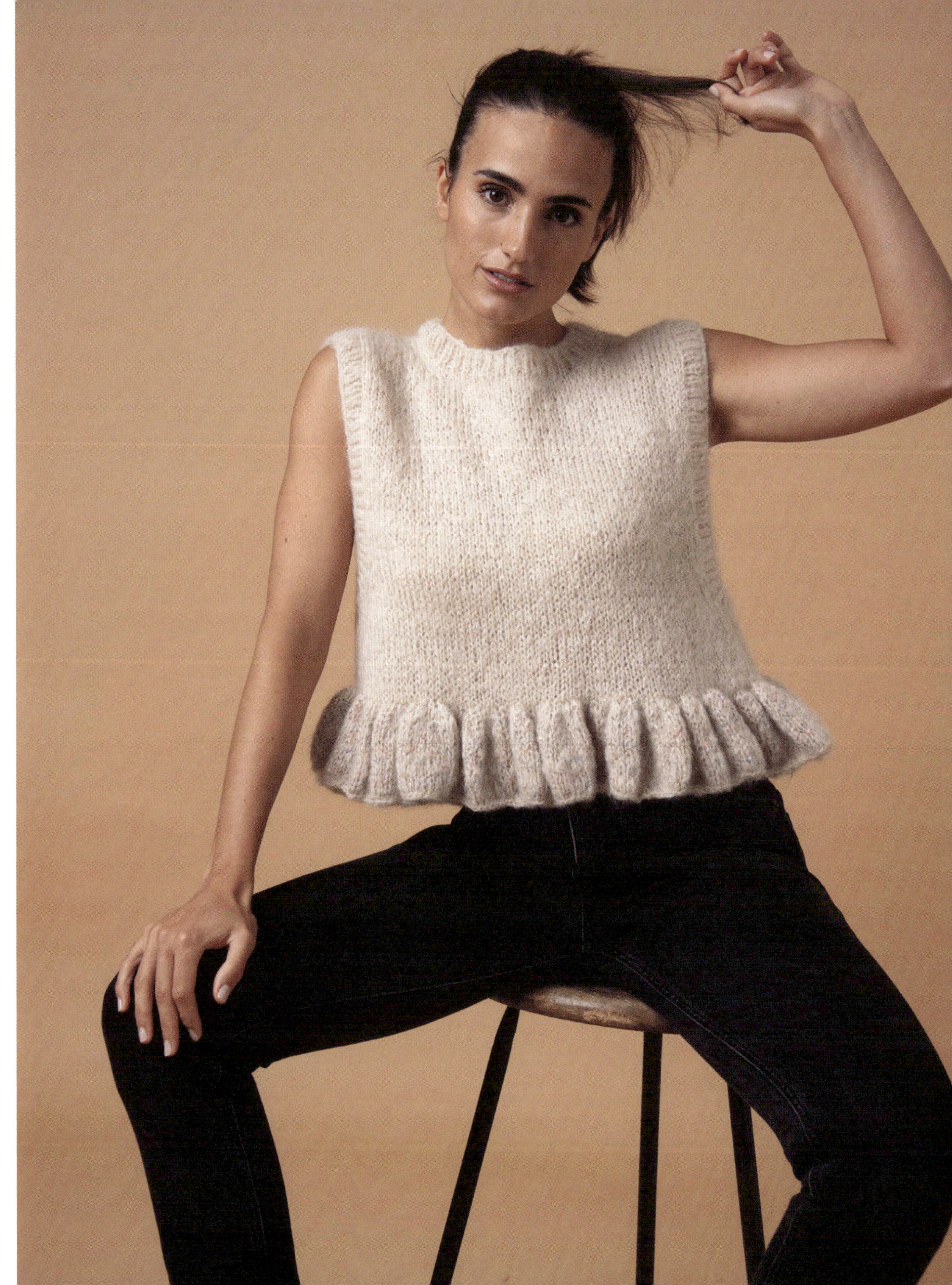

# ELLNES

## SCHWIERIGKEITSGRAD:

- Schafft ihr locker!

**PULLUNDER MIT RÜSCHEN** – *Fast magisch wirkt dieser Pullunder mit all den glänzenden kleinen Pailletten, die in die Rüsche als Beilaufgarn eingestrickt sind. Das simple Oberteil, das vom Schnitt an ein ärmelloses T-Shirt erinnert, geht über zur voluminösen Rüsche mit steifem Fall und gibt damit dem Outfit die Richtung zum Femininen an.*

## STRICKWEISE

Das Oberteil dieses Pullunders wird von unten nach oben als Vorder- und Rückteil einzeln gefertigt und an Seiten und Schulter geschlossen. Das Halsbündchen und die Bündchen an den Armausschnitten werden angestrickt. Anschließend wird die Rüsche am Saum angesetzt und von oben nach unten glatt rechts in Runden gestrickt.

## MATERIAL UND WERKZEUG

- Farbe A: 270/300/330/370 g Rico Design Fashion Mohair Merino Chunky, Natur Nr. 12, LL 100 m pro 50 g
- Farbe B: 20/25/30/35 g Rico Design Creative Crazy Paillettes, Puder Nr. 01, LL 110 m pro 25 g

- Rundstricknadeln 6 mm, Seillänge 80–120 cm
- Maschenmarkierer
- Wollnadel

## FERTIGMASSE

S/M/L/XL

A: 40/43/46/49 cm

B: 51/54/58/62 cm

C: 49/52/56/59 cm

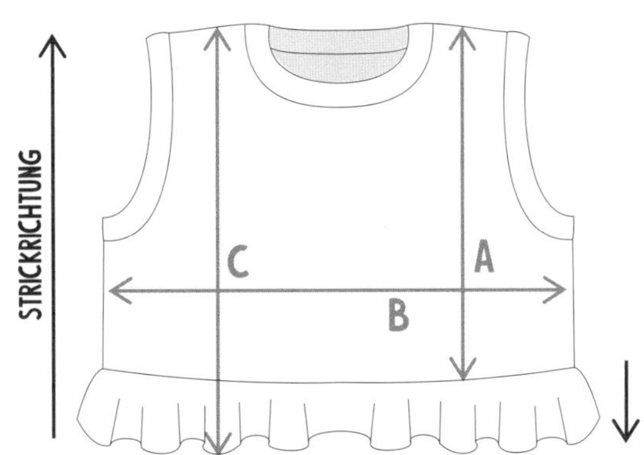

## MASCHENPROBE

Frb A – Nadelstärke 6 mm glatt rechts

10 x 10 cm = 14,5 M x 18 R

## RANDMASCHEN

Die 1. M wird stets abgenommen, die letzte M wird stets li gestrickt.

## GRUNDMUSTER GLATT RECHTS IN REIHEN

RM, alle M re stricken, RM.

## GRUNDMUSTER GLATT RECHTS IN RUNDEN

Alle M re stricken.

## GRUNDMUSTER RIPPE 1 X 1 IN RUNDEN

Abwechselnd 1 re M, 1 li M stricken.

# ANLEITUNG

## RT

Mit Frb A 78/84/88/92 M anschl und 8/9/10/11 cm glatt rechts stricken.

## RT ARMAUSSCHNITT

**In Hin-R:** 8 M abketten, weiter nM stricken.

**Rück-R:** 8 M abketten, weiter nM stricken.

**Weiter in 1. Hin-R:** RM, 2 re M, 2 M li gen zusstricken, nM stricken bis
5 M vor R-Ende, 2 M re gen zusstricken, 2 re M, RM.

**2. Rück-R:** nM stricken.

Insgesamt 4x Hin- und Rück-R wdh.

Weiter 23/25/27/29 cm glatt rechts stricken.

## RT HALSAUSSCHNITT

**Linke Seite:** 18/20/22/23 M nM stricken und stilllegen, 18/20/20/22 M nM stricken und abketten, 18/20/22/23 nM stricken.

**1. Hin-R:** RM, 2 re M, 2 M li gen zusstricken, re M bis R-Ende, RM.

**2.Rück-R:** nM stricken.

Insgesamt 2x Hin- und Rück-R wdh.

M abketten.

**Rechte Seite:** 18/20/22/23 M wieder aufnehmen. Rück-R nM stricken.

**1. Hin-R:** RM, re M stricken bis 5 M vor R-Ende, 2 M re gen zusstricken, 2 re M, RM.

**2. Rück-R:** nM stricken.

Insgesamt 2x Hin- und Rück-R wdh. Mit Rück-R enden und die M abketten.

## VT

Mit Frb A 72/78/82/86 M anschl und 8/9/10/11cm glatt rechts stricken.

## VT ARMAUSSCHNITT

**In Hin-R:** 5 M abketten, weiter nM stricken.

**Rück-R:** 5 M abketten, weiter nM stricken.

**Weiter in 1. Hin-R:** RM, 2 re M, 2 M li gen zusstricken, re M stricken bis 5 M vor R-Ende, 2 M re gen zusstricken, 2 re M, RM.

**2. Rück-R:** nM stricken.

Insgesamt 4x Hin- und Rück-R wdh.

Weiter 21/23/25/27 cm glatt rechts stricken.

## VT HALSAUSSCHNITT

**Rechte Seite:** 18/20/22/23 M nM stricken und stilllegen, 18/20/20/2 M nM stricken und abketten, 18/20/22/23 nM stricken.

**1. Hin-R:** RM, 2 re M, 2 M li gen zusstricken, re M bis R-Ende, RM.

**2.Rück-R:** nM stricken.

Insgesamt 2x Hin- und Rück-R wdh.

Weiter 4 R nM stricken. M abketten.

**Linke Seite:** 18/20/22/23 M wieder aufnehmen.

**1. Hin-R:** RM, re M stricken bis 5 M vor R-Ende, 2 M re gen zusstricken, 2 re M, RM.

**2. Rück-R:** nM stricken.

Insgesamt 2x Hin- und Rück-R wdh.
Weiter 4 R nM stricken. M abketten.

## NÄHTE

Beide Teile links auf links aufeinanderlegen und Seiten- und Schulternähte mit dem Matratzenstich schließen.

## RÜSCHE

Mit Frb A und B aus jeder Anschlag-M 3 M aufnehmen (re M, U, re M).
MM am R-Anfg setzen und glatt rechts 9/9/10/10 cm in Rd stricken. M abketten.

## BÜNDCHEN AM HALSAUSSCHNITT

Mit Frb A entlang der Halsausschnittkante aus dem QF zur RM 74/78/82/86 M aufnehmen. Die Anzahl muss durch 2 teilbar sein. Weiter 3 cm Rippe 1 x 1 stricken, M abketten.

## BÜNDCHEN AM ARMAUSSCHNITT

Mit Frb A entlang der Armlochkante aus 1. M nach RM 124/128/132/136 M aufnehmen. Die Anzahl muss durch 2 teilbar sein. Weiter 3 cm in Rippe 1 x 1 in Rd stricken, M abketten. Den zweiten Armausschnitt genauso arbeiten.

## FERTIGSTELLUNG

Fäden einweben, den Pullunder in der Handwäsche waschen und liegend trocknen lassen. Den Körper und die Bündchen in Form streichen.

### TIPP:

***Die Länge der Rüsche könnt ihr relativ frei bestimmen. Bedenkt dabei: Je länger ihr die Rüsche strickt, desto schwerer wird sie. Die Linie der Taille wird sich optisch nach unten verschieben.***

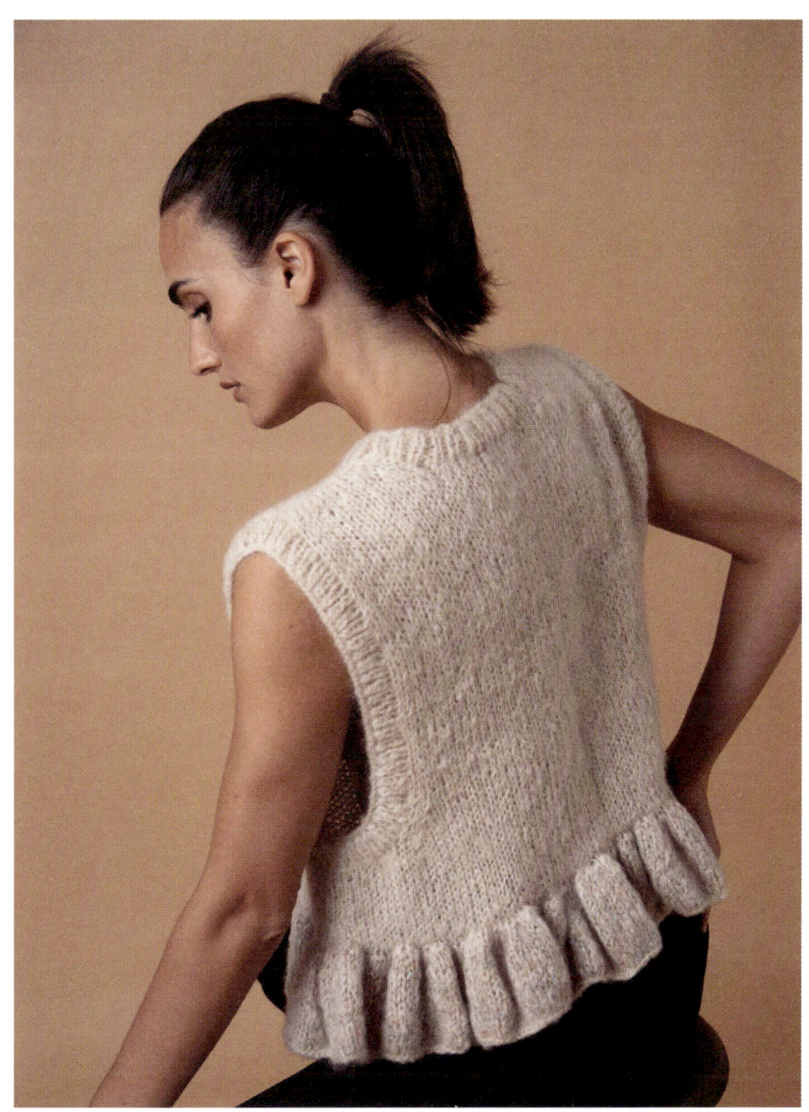

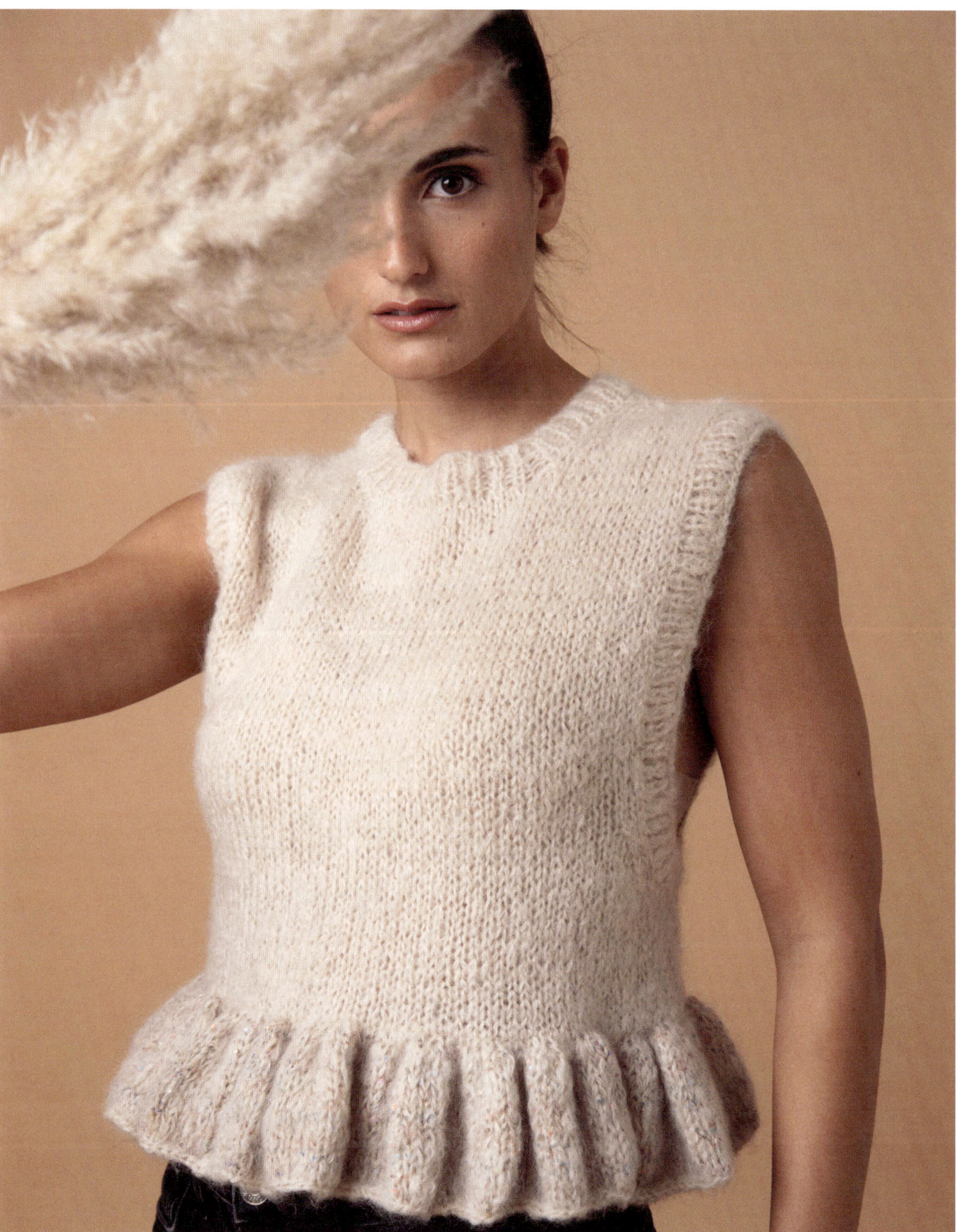

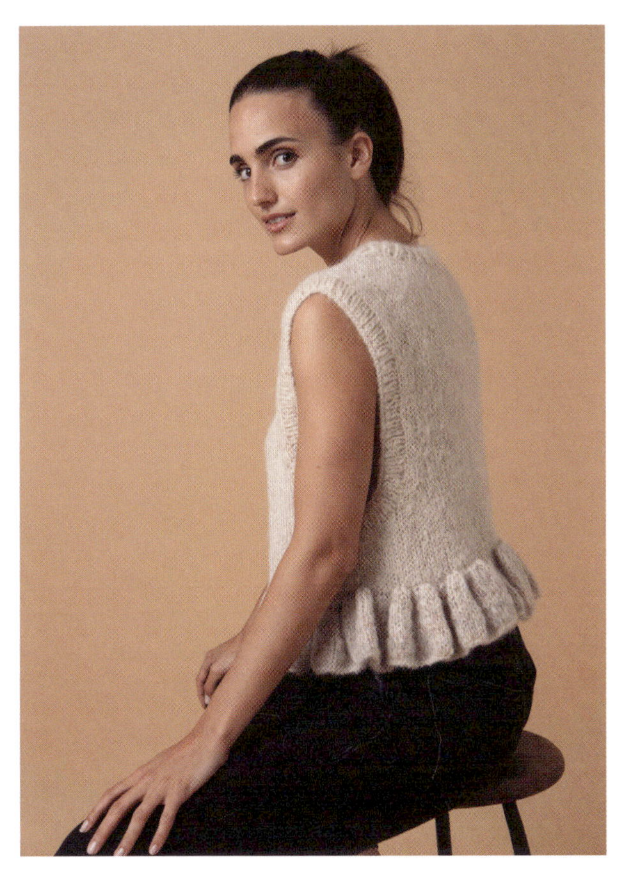
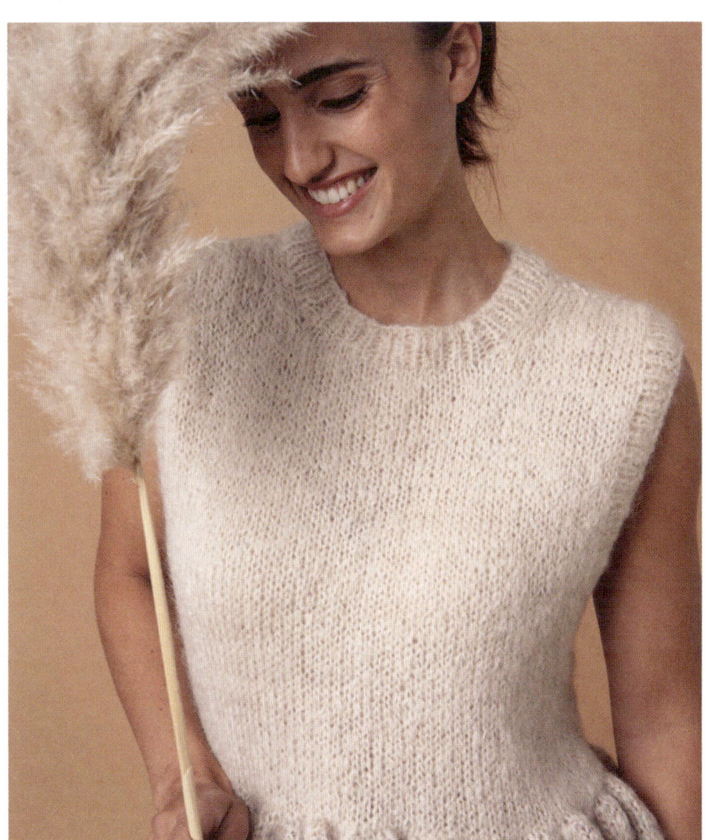
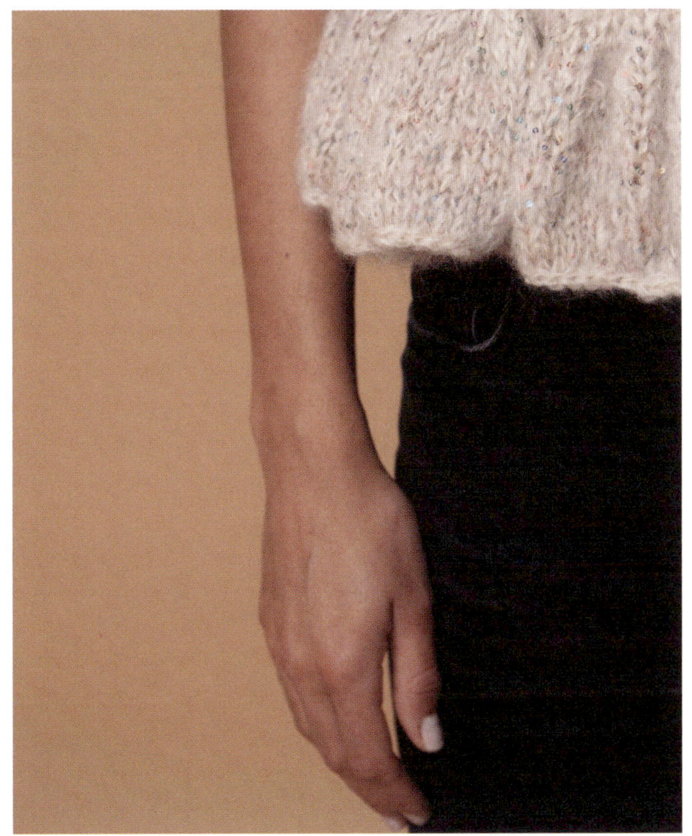
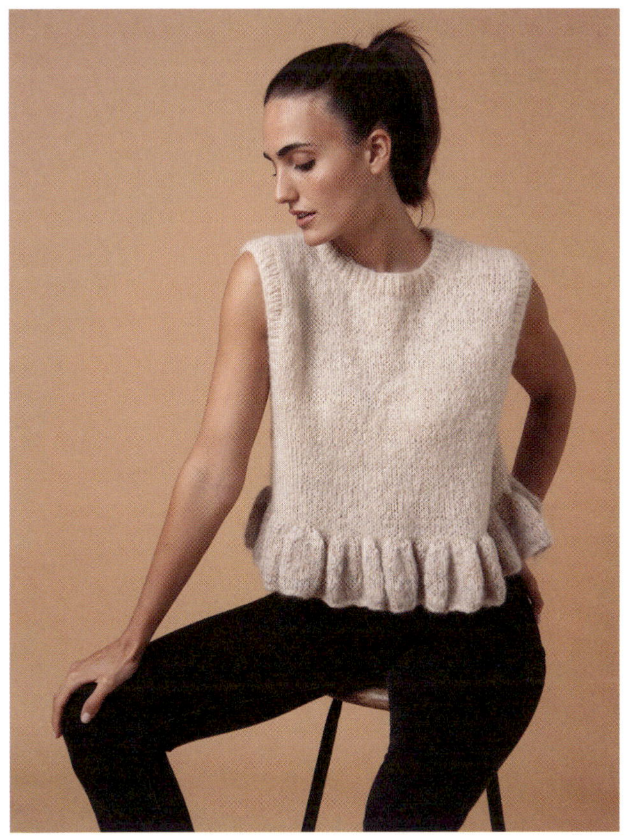

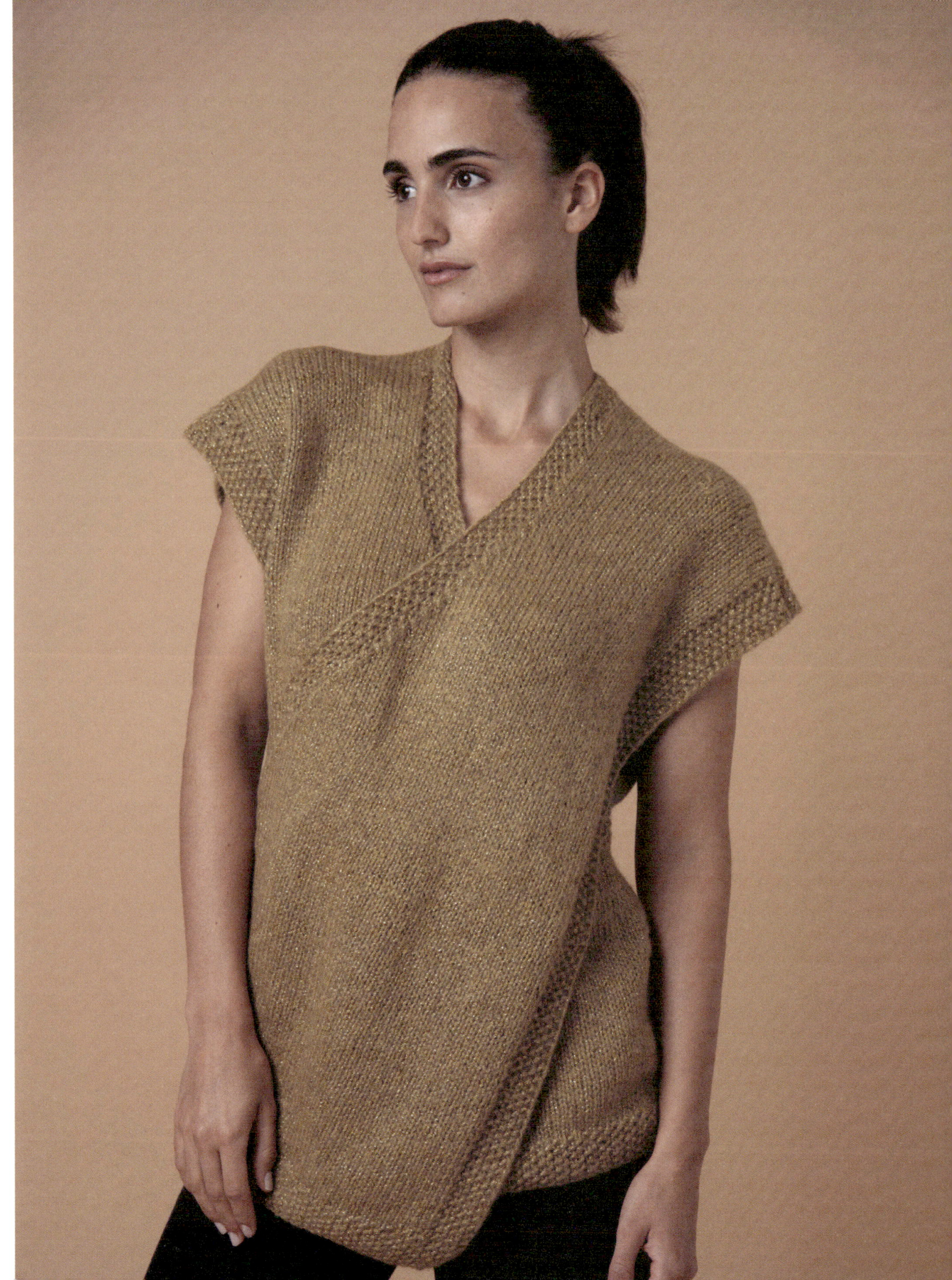

# PIPA

## SCHWIERIGKEITSGRAD:

- Schafft ihr locker!

**PULLUNDER MIT VERKREUZTEM VORDERTEIL** – *Raffiniert und gleichzeitig simpel ist dieser Pullunder. Glatt rechts gestrickt, mit einer feinen Perlmusterkante, glänzt er nicht nur durch das Metallic-Garn, sondern auch mit seinem besonderen Vorderteil, das verkreuzt wird. Mit der Länge, die über die Hüften geht, und seiner Extraweite kann der Pullunder über Leggins und schmale Röcke getragen werden.*

## STRICKWEISE

Der Pullunder wird erst vom Saum aus am Rück- und Vorderteil im Ganzen in Reihen nach oben hin gestrickt. Dann werden Rück- und Vorderteile einzeln gefertigt. Die Vorderteile werden mit Abnahmen am Halsausschnitt gearbeitet, anschließend über Kreuz gelegt und die Schulternähte werden geschlossen.

## MATERIAL UND WERKZEUG

- 350/400/450/500 g Cotton-Merino Glam, Concept by Katia, Senf Nr. 302, LL 120 m pro 50 g

- Rundstricknadeln 6 mm, Seillänge 100–120 cm
- 4 Hilfsseile zum Stilllegen der Maschen, ca. 40 cm lang
- Maschenmarkierer
- Wollnadel

## FERTIGMASSE

S/M/L/XL

A: 68/71/74/77 cm

B: 56/60/64/68 cm

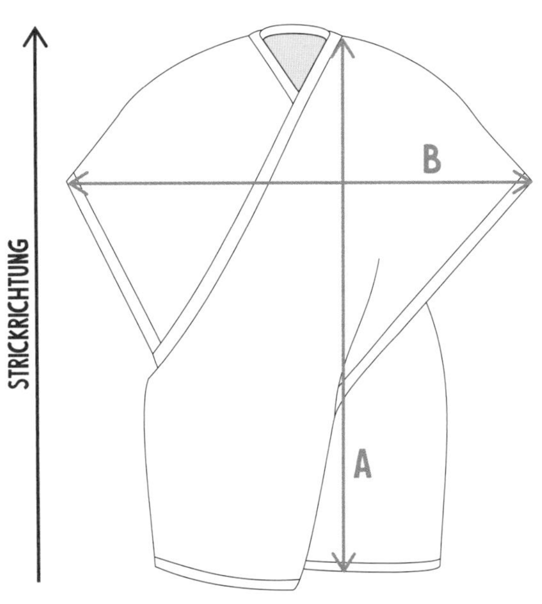

## MASCHENPROBE

Nadelstärke 6 mm glatt rechts
10 x 10 cm = 15 M x 22 R

## RANDMASCHEN

Die 1. M wird stets abgenommen, die letzte M wird stets li gestrickt.

## GRUNDMUSTER GLATT RECHTS IN REIHEN

**Hin-R:** RM, alle M re stricken, RM.

**Rück-R:** RM, alle M li stricken, RM.

Hin- und Rück-R stets wdh.

## KLEINES PERLMUSTER IN REIHEN

**Hin-R:** RM, abwechselnd 1 M re, 1 M li stricken bis R-Ende, RM.

**Rück-R:** RM, li M wird re gestrickt, re M werden li gestrickt, RM.

Hin- und Rück-R stets wdh.

# ANLEITUNG

## KÖRPER

221/233/245/257 M anschl.
10 R KP stricken.

**Weiter in Hin-R:** RM, 6 M in KP, alle M re bis 7 vor Ende der R, 6 M KP, RM.

**Rück-R:** RM, 6 M in KP, alle M li bis 7 vor Ende der R, 6 M KP, RM.

20/22/24/26 cm hoch stricken.

**Weiter in Hin-R:** RM, 6 M KP, 56/59/62/65 re M, 15 M KP, 65/71/77/83 re M, 15 M KP, 56/59/62/65 re M, 6 M KP, RM.

**Rück-R:** RM, 6 M KP, 56/59/62/65 re M, 15 M KP, 65/71/77/83 re M, 15 M KP, 56/59/62/65 re M, 6 M KP, RM.

Insgesamt 10 R stricken.

Die ersten und die letzten 70/73/76/79 M für beide VT stilllegen.

## RT

**Weiter in Hin-R:** Die ersten 2 M zusstricken, 6 M KP, alle M re bis 8 vor R-Ende, 6 M Kp, 2 M zusstricken.

**Rück-R:** RM, 6 M KP, alle M li bis 7 vor R-Ende, 6 M KP, RM.

**Hin-R:** RM, 6 M KP, alle M re bis 7 vor R-Ende, 6 M KP, RM.

Insgesamt 32/34/36/38 cm stricken.

**Weiter in Hin-R:** RM, 6 M KP, 25/28/31/34 re M, 15 M KP, 25/28/31/34 re M, 6 M KP, RM.

**Rück-R:** RM, 6 M KP, 25/28/32/34 li M, 15 M KP, 25/28/32/34 li M, 6 M KP, RM.

Insgesamt 10 R stricken.

**Linke Seite:** 39/42/45/48 M nM stricken und stilllegen, 2 M zusstricken. 39/42/45/48 M nM stricken.

Insgesamt 12 R stricken, dann stilllegen.

**Rechte Seite:** M wieder aufnehmen und 12 R nM stricken, M stilllegen.

## VT RECHTE SEITE

**M aufnehmen und in Hin-R:** RM, 6 M KP, 2 M re gen zusstricken, re M bis 7 vor R-Ende, 6 M KP, RM.

Rück-R nM stricken.

Hin- und Rück-R abwechselnd stricken, bis insgesamt 39/42/45/48 M übrig sind. Weiter 18/22/26/28 R nM stricken.
M stilllegen.

## VT LINKE SEITE

**M aufnehmen und in Hin-R:** RM, 6 M KP, 2 M re gen zusstricken, re M bis 9 vor R-Ende, 2 M li gen zusstricken, 6 M KP, RM.

Rück-R nM stricken.

Hin- und Rück-R abwechselnd stricken, bis insgesamt 39/42/45/48 M übrig sind. Weiter 18/22/26/28 R nM stricken.
M stilllegen.

## SCHULTERNÄHTE

Das Strickteil flach hinlegen. Die VT überkreuzen und links auf links aufeinanderlegen und die Schulternähte mit dem Maschenstich schließen.

## FERTIGSTELLUNG

Fäden einweben, den Pullunder in der Handwäsche waschen und liegend trocknen lassen. Den Körper und die Bündchen in Form streichen.

### TIPP:

***Für diesen Pullunder eignet sich nicht nur das Strickmuster Glatt rechts, sondern auch das kleine und große Perlmuster im Ganzen, gebrochene Rippe und sogar Halbpatent.***

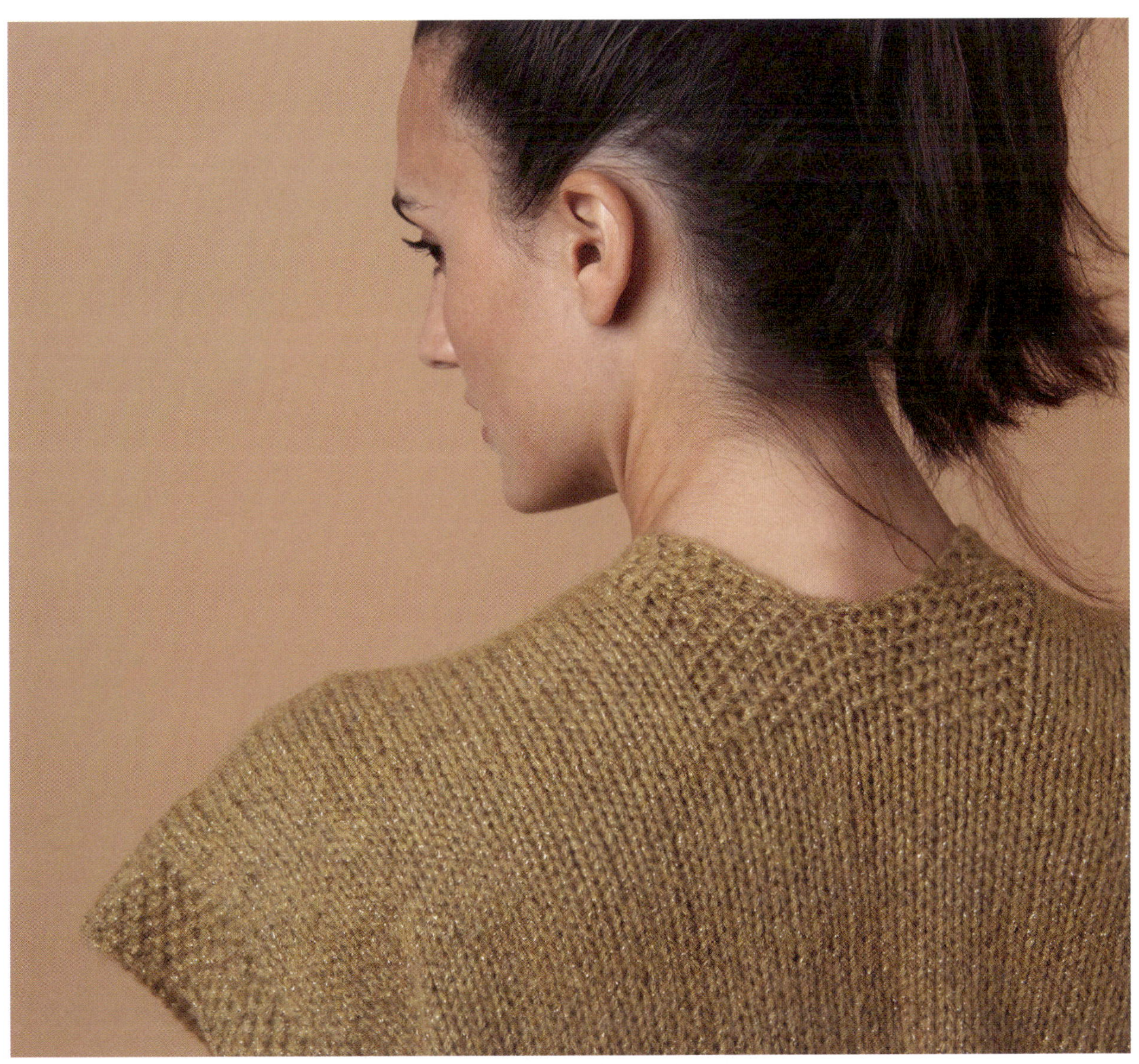

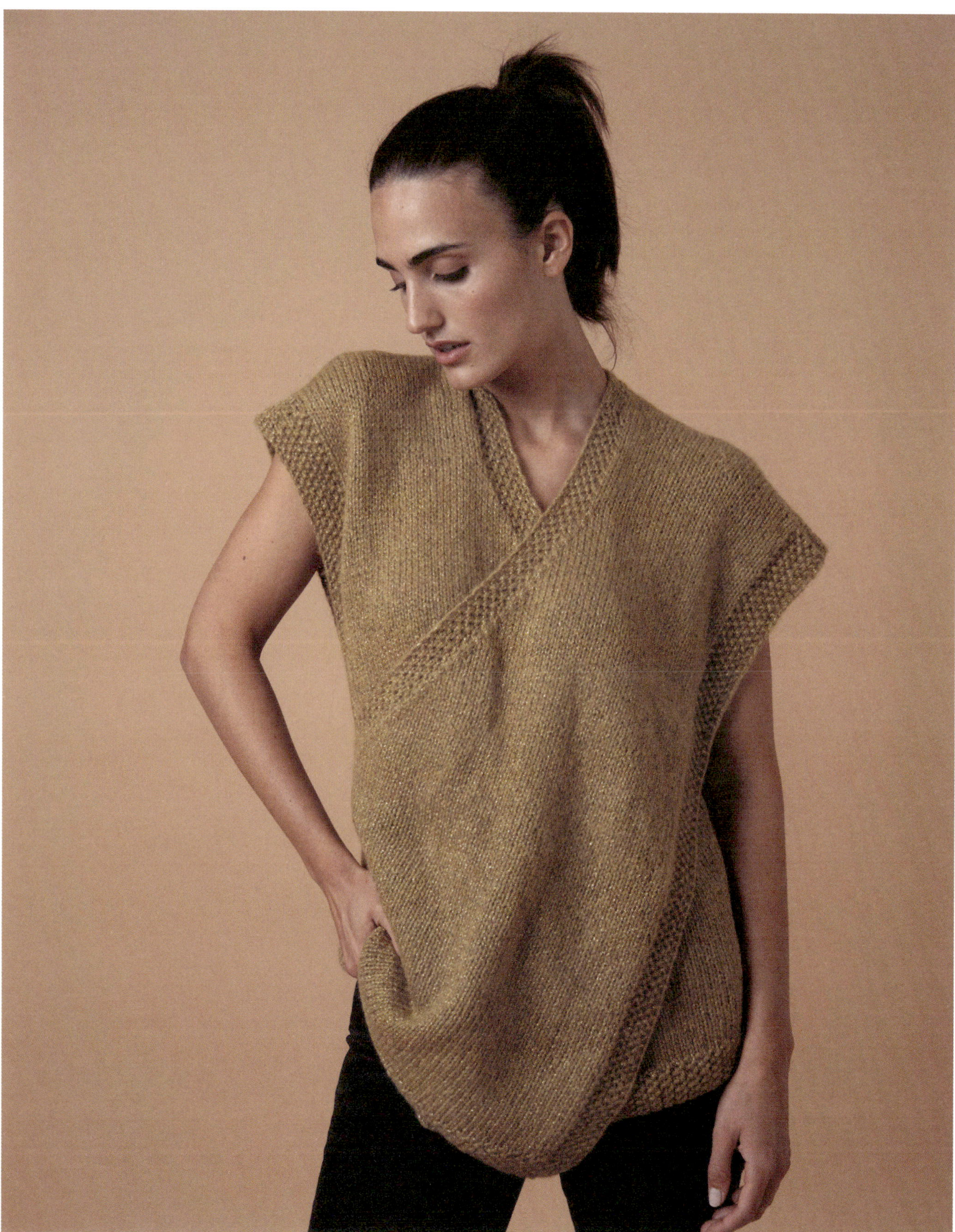

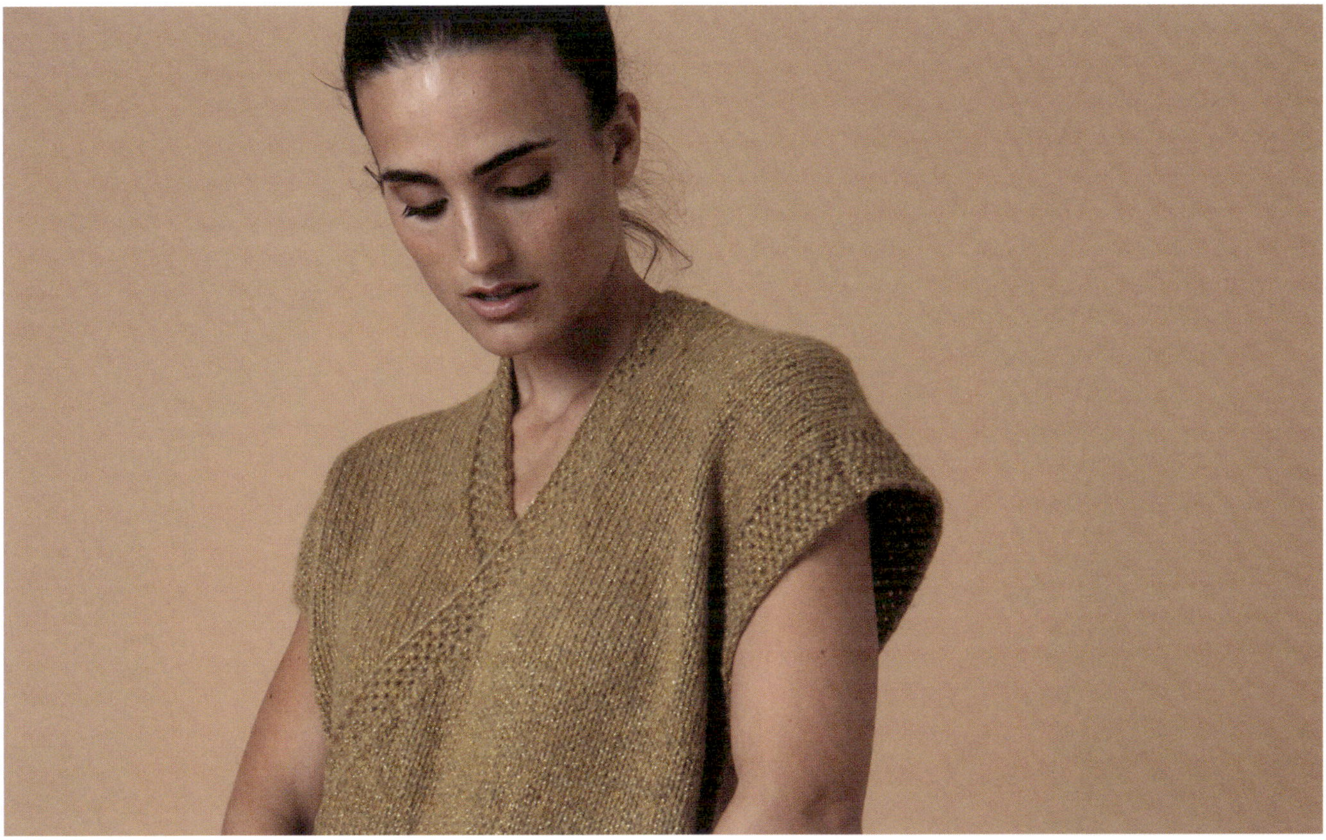

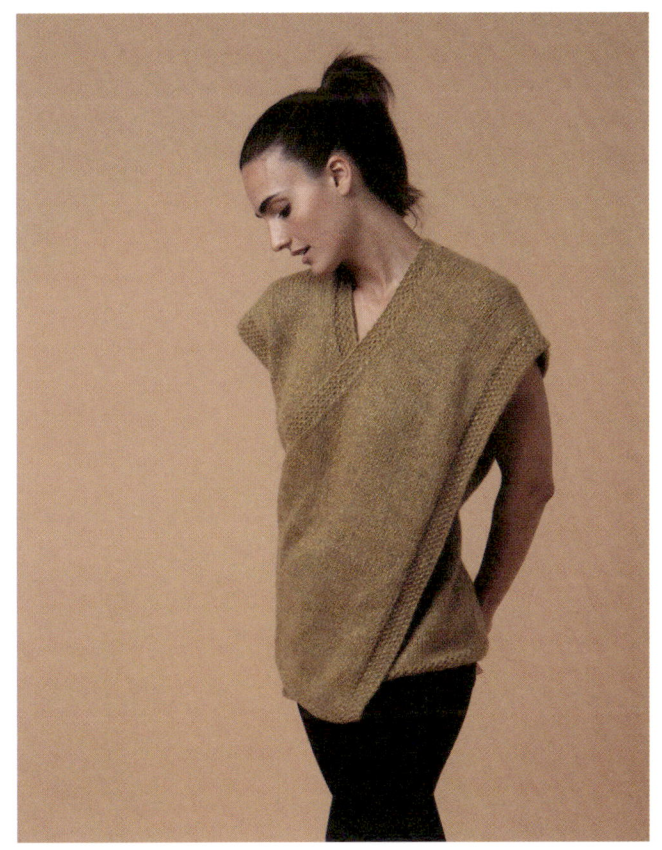
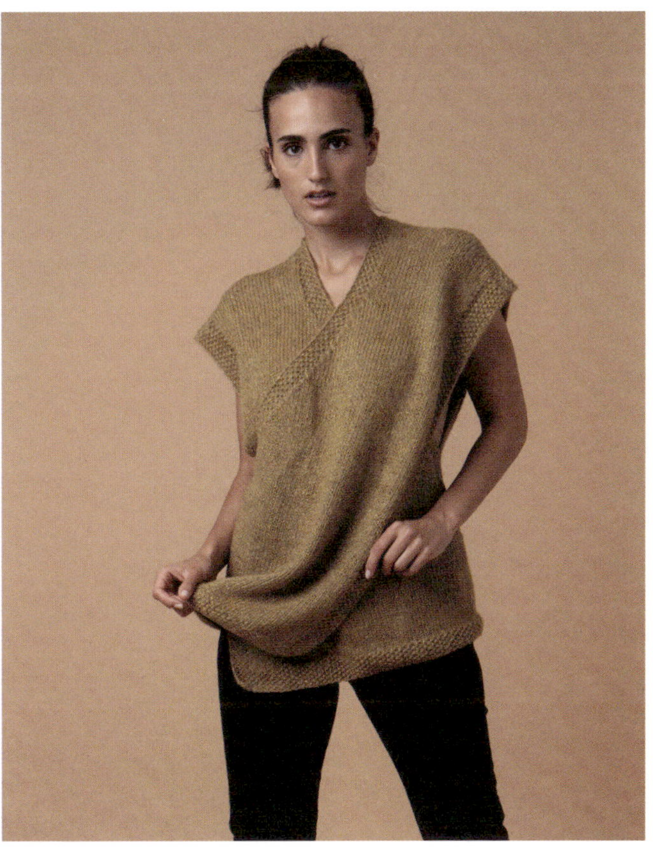

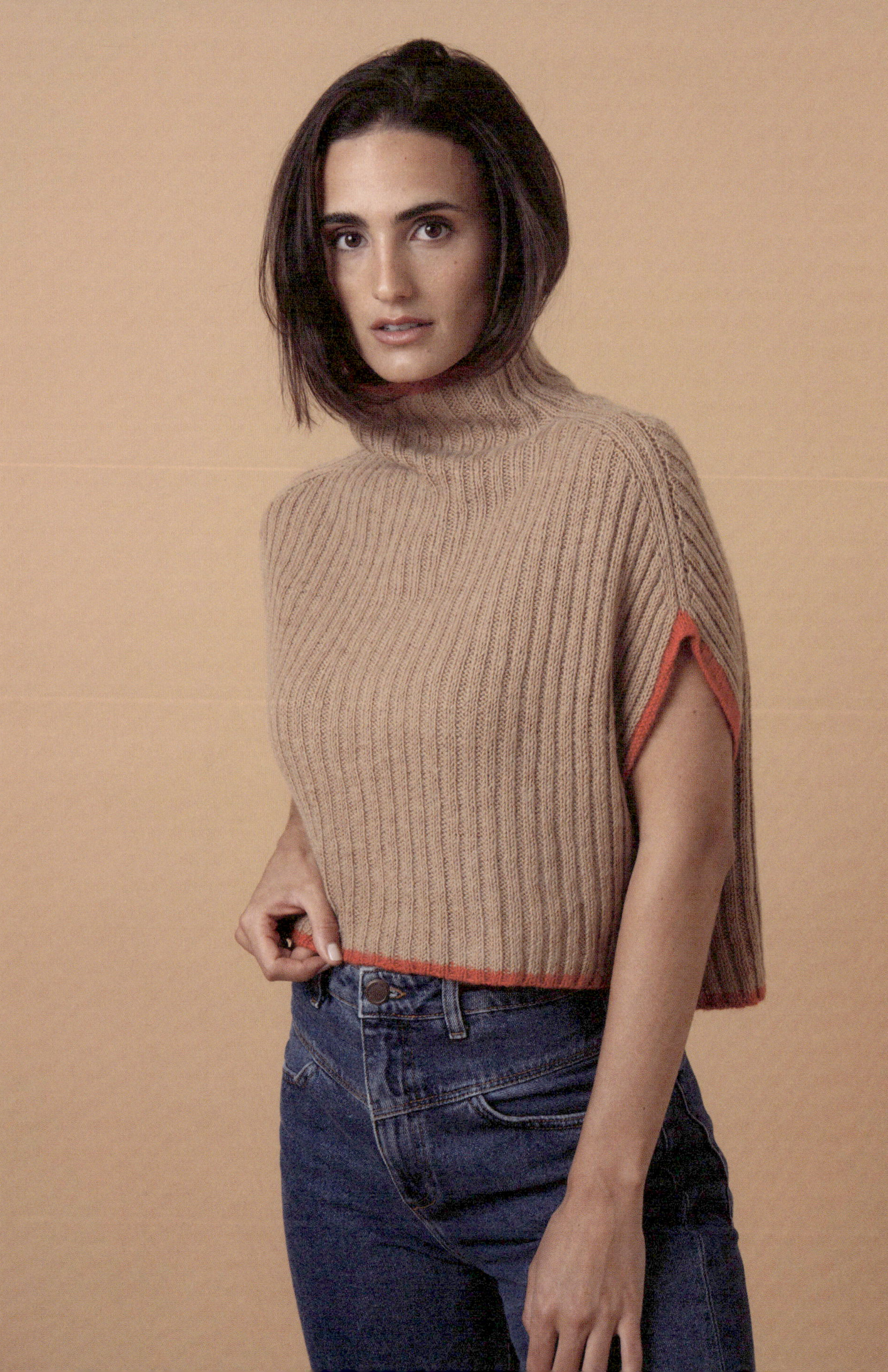

# KELLI

**SCHWIERIGKEITSGRAD:**

- Schafft ihr locker!

**TOP-DOWN-PULLUNDER –** *Was man mit kleinen Akzenten bei minimalistischem Design so alles anstellen kann? Dieser simple Pullunder passt nicht nur zu jeder Figur, er ist auch leicht zu stricken und kann in Länge und Armausschnitt easy angepasst werden. Das frische Detail sind die Konturlinien an Kragen, Saum und Armausschnittblenden in der roten Kontrastfarbe.*

## STRICKWEISE

Beginnend mit einem elastischen Maschenanschlag und mehreren Reihen glatt rechts in Farbe A (=Rot-Orange) wird der Pullunder weiter in Farbe B (=Karamell) vom Kragen aus bis zum Armausschnitt in Runden in Rippe 2 x 2 gestrickt. Das Vorder- und das Rückteil werden je einzeln in Reihen gearbeitet. Die Säume werden in Farbe A (=Rot-Orange) gefertigt und italienisch abgekettet. Anschließend werden die kurzen Seitennähte geschlossen und die Armausschnittblende in Farbe A (=Rot-Orange) glatt rechts angestrickt.

## MATERIAL UND WERKZEUG

- Farbe A: 10 g Ecopuno Lana Grossa, Rot-Orange Nr. 34, LL 215 m pro 50 g
- Farbe B : 150/175/200/225 g Ecopuno Lana Grossa, Karamell Nr. 65, LL 215 m pro 50 g

- Rundstricknadeln 3,5 mm, Seillänge 80–120 cm
- Hilfsseil 80 cm oder Hilfsgarn zum Stilllegen der Maschen
- 4 Maschenmarkierer
- Wollnadel

## FERTIGMASSE

S/M/L/XL

A: 60/65/70/75 cm

B: 54/59/64/69 cm

C: 48/54/60/64 cm

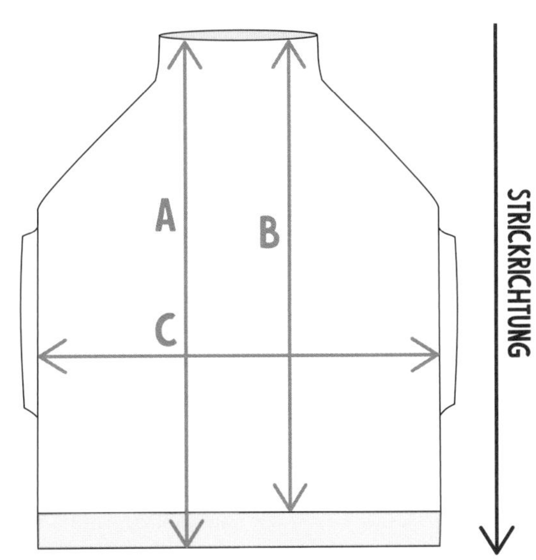

## MASCHENPROBE

Nadelstärke 3,5 mm in Rippe 2 x 2

10 x 10 cm = 26 M x 30 R

## GRUNDMUSTER GLATT RECHTS IN RUNDEN

Alle M werden re gestrickt.

## GRUNDMUSTER RIPPE 2 X 2 IN RUNDEN

Abwechselnd 2 M re, 2 M li stricken.

## GRUNDMUSTER RIPPE 2 X 2 IN REIHEN

**Hin-R:** RM, abwechselnd 2 M re, 2 M li, wdh bis R-Ende, RM.

**Rück-R:** RM, M stricken, wie sie erscheinen, RM.

## RANDMASCHEN

Die 1. M wird stets abgenommen, die letzte M wird stets li gestrickt.

# ANLEITUNG

## KRAGEN

In Frb A 112 M mit dem elastischen MA anschl, zur Rd schl, MM am Rd-Anfg setzen, 4 Rd glatt rechts stricken.

In Frb B 1 Rd glatt rechts stricken. Weiter 7 cm Rippe 2 x 2 in Rd stricken.

## SCHULTERN/MASCHEN-ZUNAHME

M wie folgt aufteilen:

VT 50 M, beginnend mit 2 li M,
RT 50 M, beginnend mit 2 li M,

Schulter je 6 M (2 re M, 2 li M, 2 re M).

Partien mit MM abtrennen.

Weiter Rippe 2 x 2 stricken und in jeder R M wie folgt zun: vor MM Schulterlinie 1 M re gen aus QF zun, nach MM Schulterlinie 1 M li gen aus QF zun.

Das Muster bei zug M dem VT-/RT-Rippenmusterverlauf entsprechend stricken.

M zun, bis insgesamt 332/348/364/380 M auf den Nadeln liegen.

## RT UND VT

M an der Schultermitte auf VT und RT teilen, je 166/174/182/190 M.

M am VT stilllegen. RT in Rippe 2 x 2 in R, in Frb B ca. 34/36/38/40 cm weiterstricken, zu Frb A wechseln und 4 R nM stricken. M ital abketten.

Die M am VT aufnehmen und Rippe 2 x 2 in R in Frb B ca. 28/30/32/34 cm weiterstricken, zu Frb A wechseln und 4 R nM stricken, M ital abketten.

## ARMAUSSCHNITTBLENDE

Für den Armausschnitt ca. 21/23/25/27 cm frei lassen und die Seitennähte um ca. 6/8/10/12 cm schließen. Seitenschlitze ca. 3–5 cm frei lassen.

In Frb A entlang der Armausschnittkante M aus der ersten re M der ersten Rippe aufnehmen, 4 R glatt rechts in Rd stricken. M abketten. Den zweiten Armausschnitt genauso arbeiten.

## FERTIGSTELLUNG

Fäden einweben, den Pullunder in der Handwäsche waschen und liegend trocknen lassen, die Rippen in Form streichen.

### TIPP:

***Um die ideale Länge des Pullunders zu bestimmen, die gewünschte Länge des Rückteils stricken und die Maschen vor dem Abketten erst mal stilllegen. Ebenso beim Vorderteil verfahren. Schon seht ihr beim Anprobieren, ob die Längen euren Vorstellungen entsprechen. Dann könnt ihr ggf. weiterstricken oder bereits abketten.***

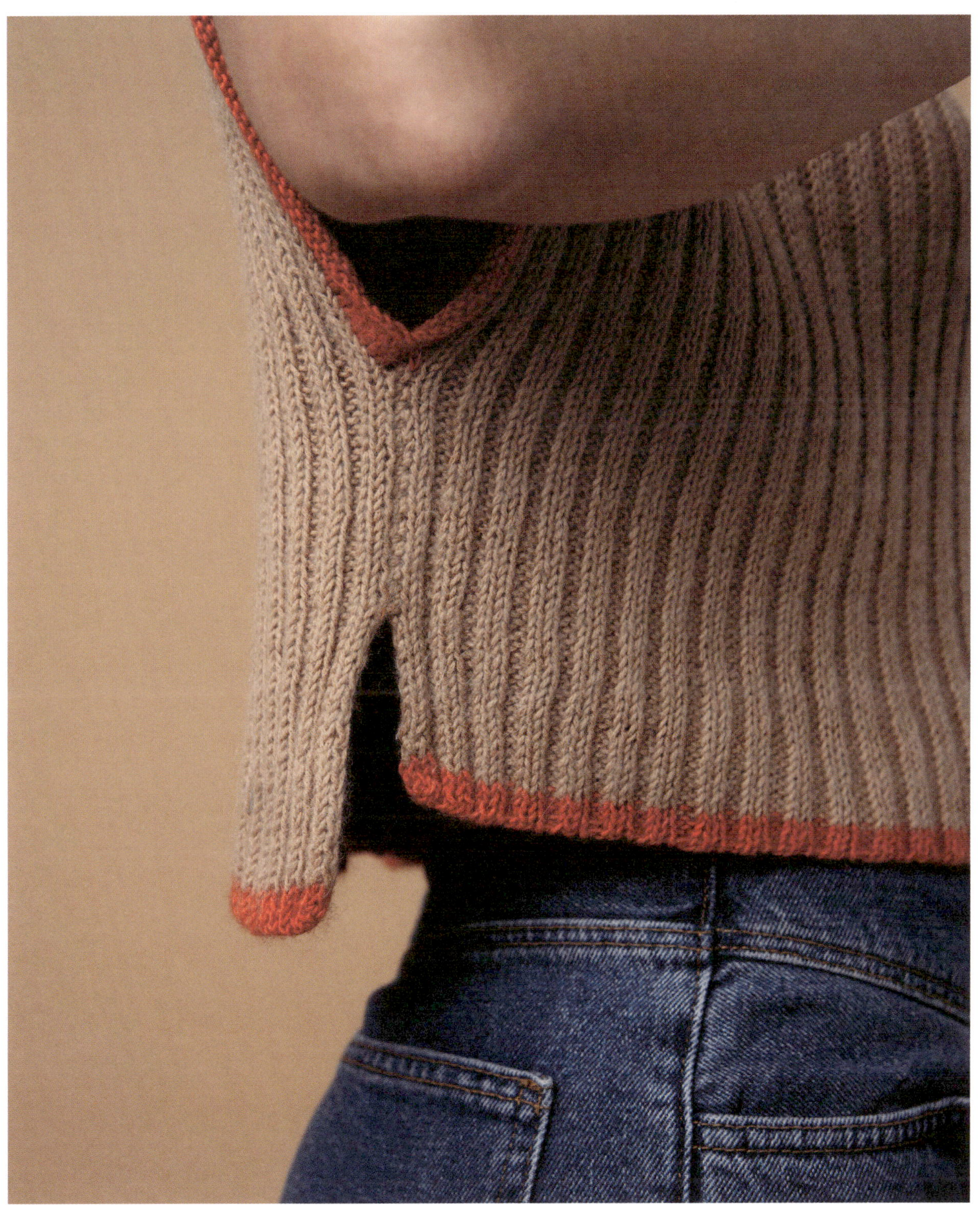

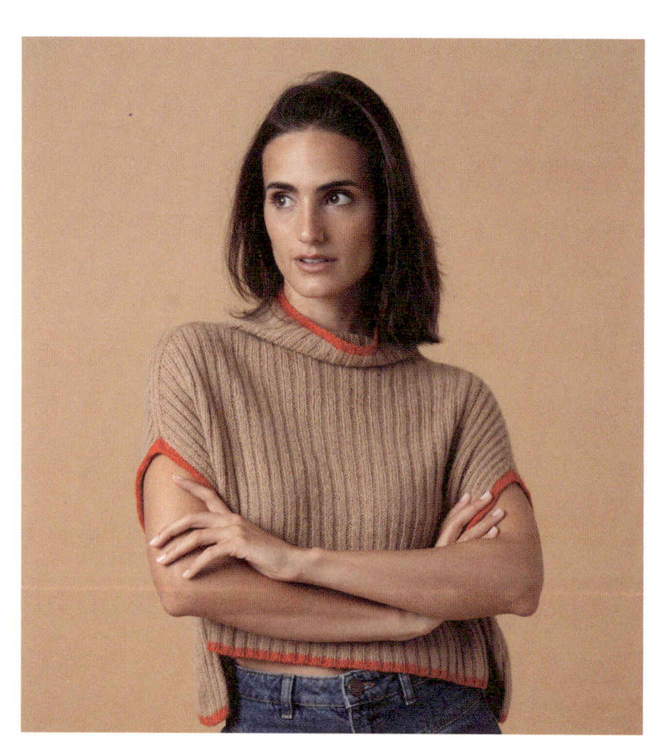
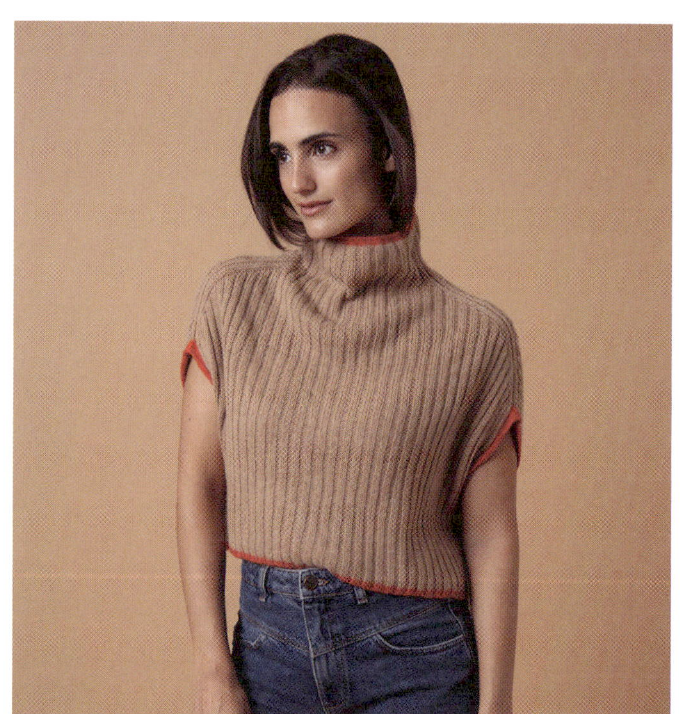

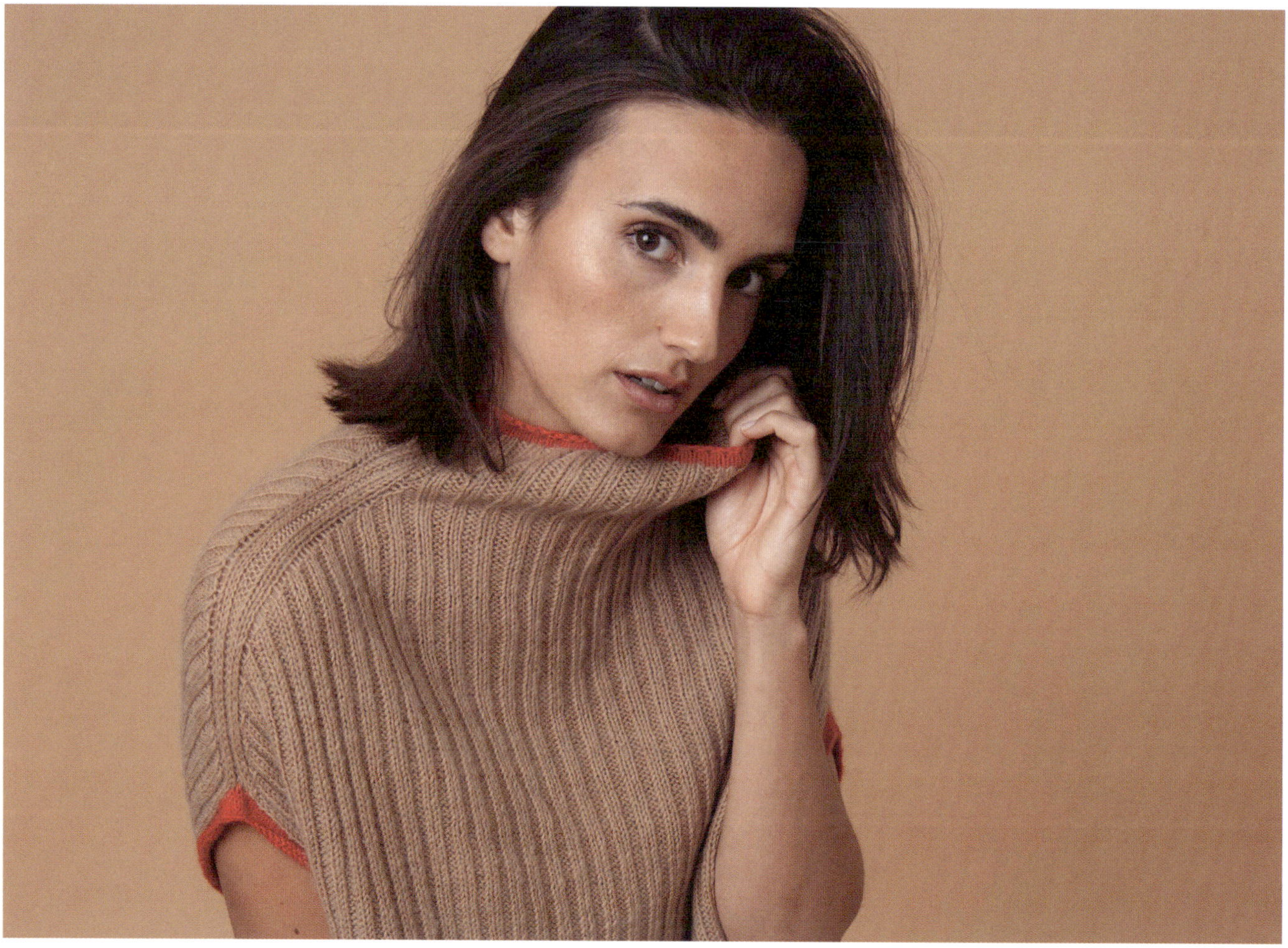

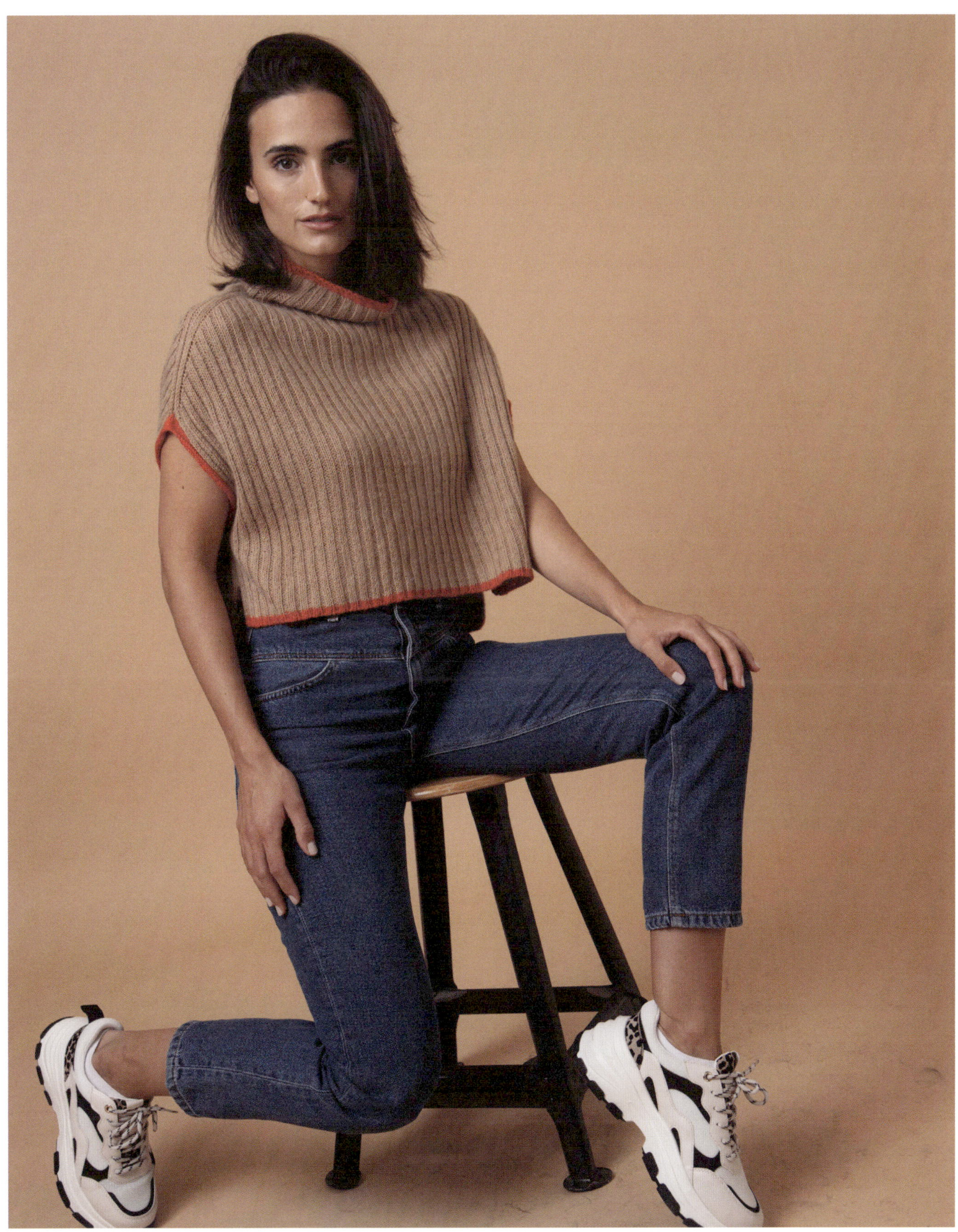

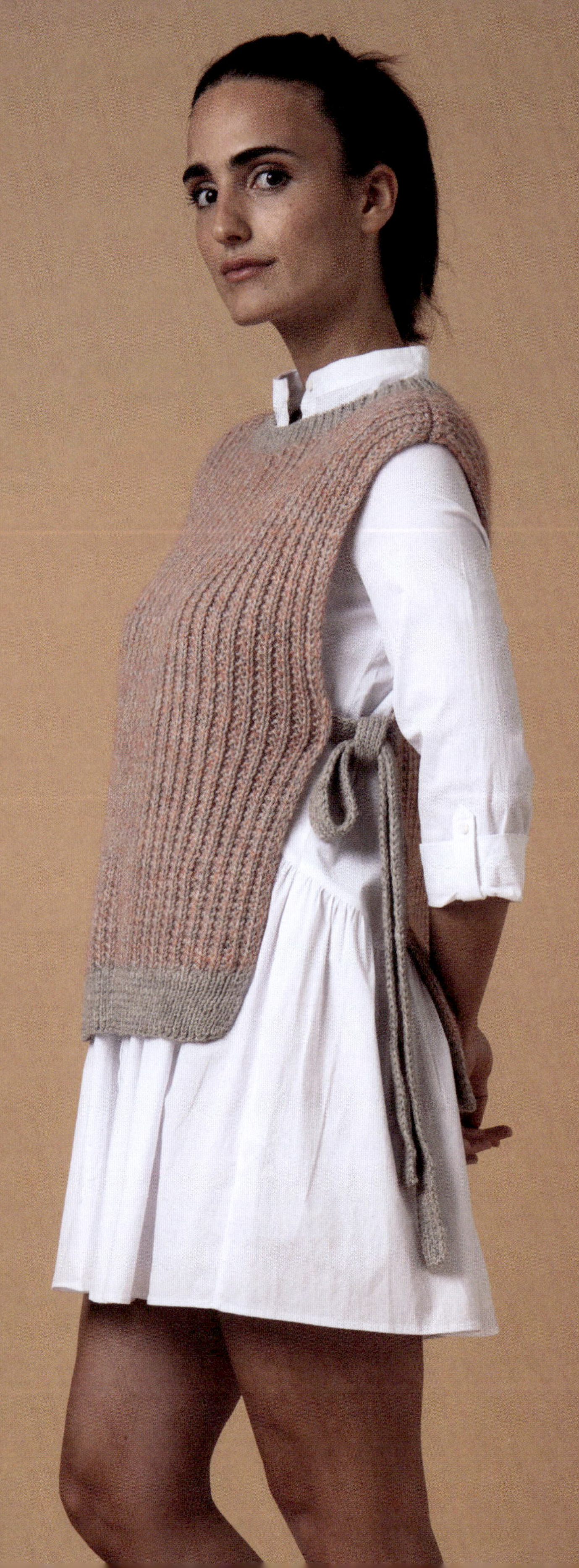

# THOLA

## SCHWIERIGKEITSGRAD:

- Schafft ihr locker!

**PULLUNDER MIT OFFENEN SEITEN UND BÄNDERN –** *Auf den ersten Blick sieht dieser Pullunder eher nach einem kastigen Strickteil aus. Doch wie wandelbar er ist, zeigt sich, wenn ihr anfangt, die Bänder auf eure ganz persönliche Art zu schnüren. Ob seitlich locker gewunden, nach hinten geknotet oder um die Taille gewickelt – der Pullunder wird jedes mal neu geformt. Oder vielleicht lasst ihr die Seiten auch ganz offen?*

### STRICKWEISE

Der Pullunder wird als Vorder- und Rückteil einzeln im Strickmuster Gebrochene Rippe gefertigt, dann an den Schulternähten geschlossen. Das Halsbündchen sowie die Gurtbänder werden in Rippe 1 x 1 angestrickt.

Die Bündchen und die Gurte werden nur aus Farbe A gestrickt. Für das Muster Gebrochene Rippe wird zusätzlich ein Mohairfaden in Kontrastfarbe mitgeführt.

### MATERIAL UND WERKZEUG

- Farbe A: 300/330/360/390 g Inuit, Concept by Katia, Beige Nr. 50, LL 115 m pro 50 g
- Farbe B: 30/40/50/60 g 50 Mohair Shades, Concept by Katia, Lachs Nr. 42, LL 200 m pro 20 g

- Rundstricknadeln 3,5 mm und 4 mm, Seillänge 80–120 cm
- Maschenmarkierer
- Wollnadel

### FERTIGMASSE

S/M/L/XL

A: 60/63/66/69 cm

B: 37/41/45/49 cm

C: 63/66/69/72 cm

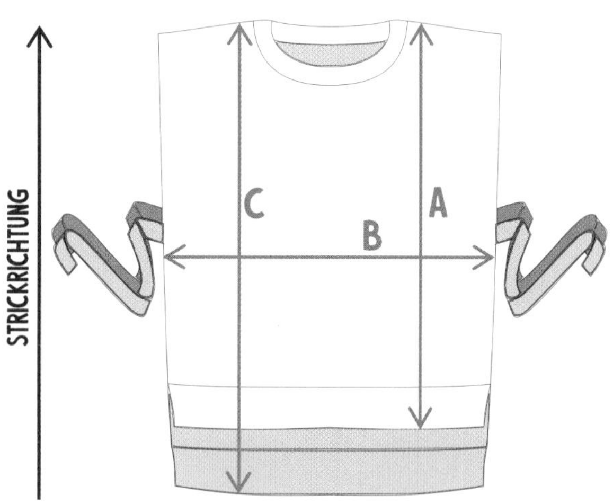

## MASCHENPROBE

Frb A – Nadelstärke 4 mm in Muster Gebrochene Rippe

10 x 10 cm = 22 M x 25 R

## RANDMASCHEN

Die RM hier sind je 3 M am Anfang und 3 M am Ende der R. Sie werden in der Hin- und Rück-R gleich gestrickt.

Am Anfang der R wird die 1. M abgehoben, die 2. M re gestrickt, die 3. M wird abgehoben, der Faden liegt vorne.

Am Ende der R wird die 1. M re gestrickt, die 2. M abgehoben, der Faden liegt vorne, die 3. M wird li gestrickt.

## GRUNDMUSTER GEBROCHENE RIPPE

Für dieses Muster wird eine Maschenanzahl teilbar durch 3 angeschlagen.

Hin- und Rück-R werden gleich gestrickt:

RM, 1 re M, 2 li M, fortlaufend wdh bis R-Ende, RM.

## GRUNDMUSTER RIPPE 1 X 1 IN REIHEN

**Hin-R:** RM, abwechselnd 1 M re, 1 M li stricken bis R-Ende, RM.

**Rück-R:** RM, M stricken, wie sie erscheinen, RM.

## GRUNDMUSTER RIPPE 1 X 1 IN RUNDEN

Abwechselnd 1 M re, 1 M li stricken.

# ANLEITUNG

## RT

Mit Frb A auf Nadeln 3,5 mm 90/96/102/108 M anschl, und 18 R Rippe 1 x 1 stricken. RM beachten!

Zu 4-mm-Nadeln wechseln und zum Muster Gebrochene Rippe übergehen, Frb B mit aufnehmen und ca. 60/63/66/69 cm stricken.

## RT HALSAUSSCHNITT

30/33/36/39 M nM stricken und stilllegen, 30 M abketten, 30/33/36/39 M nM stricken, Rück-R nM stricken.

**Linke Seite 1. Hin-R:** 2 M zusstricken, weiter nM bis R-Ende, RM.

**2. Rück-R:** nM stricken.

Insgesamt 2x Hin- und Rück-R wdh. M abketten.

**Rechte Seite:** 30/33/36/39 M wieder aufnehmen und Rück-R nM stricken.

**1. Hin-R:** RM, nM stricken bis 2 M vor R-Ende, 2 M zusstricken.

Insgesamt 2x Hin- und Rück-R wdh. Mit Rück-R enden und die M abketten.

## VT

Mit Frb A auf Nadeln 3,5 mm 90/96/102/108 M anschl, und 18 R Rippe 1 x 1 stricken. RM beachten!

Zu 4-mm-Nadeln wechseln und zum Muster Gebrochene Rippe übergehen, Frb B mit aufnehmen und ca. 55/58/61/64 cm stricken.

## VT HALSAUSSCHNITT

30/33/36/39 M nM stricken und stilllegen, 30 M abketten, 30/33/36/39 M nM stricken. Rück-R nM stricken.

**Rechte Seite 1. Hin-R:** 2 M zusstricken, weiter nM bis R-Ende, RM.

**2. Rück-R:** nM stricken.

Insgesamt 2x Hin- und Rück-R wdh. Weiter 4 R nM stricken, M abketten.

**Linke Seite:** 30/33/36/39 M wieder aufnehmen und Rück-R nM stricken.

**1. Hin-R:** RM, nM stricken bis 2 M vor R-Ende, 2 M zusstricken.

Insgesamt 2x Hin- und Rück-R wdh. Mit Rück-R enden. Weiter 4 R nM stricken, die M abketten.

## SCHULTERNÄHTE

VT und RT links auf links aufeinanderlegen. Die Schulternähte mit dem Matratzenstich schließen.

## BÜNDCHEN AM HALSAUSSCHNITT

Mit Nadeln 3,5 mm und Frb A entlang der Halsausschnittkante aus dem QF zur RM 114 M aufn. Die Maschenanzahl muss durch 2 teilbar sein.

Weiter 8 Rd Rippe 1 x 1 stricken. M ital abketten.

## BÄNDER

Von der Schulternaht ausgehend am RT 30 cm abmessen und an der linken Seite knapp an der Kante 10 M aufn, weiter Rippe 1 x 1 ca. 65 cm stricken und ital abketten. Bänder an der gegenüberliegenden Seite sowie am VT genauso arbeiten.

## FERTIGSTELLUNG

Fäden einweben, den Pullunder in der Handwäsche waschen und liegend trocknen lassen. Den Körper, die Bündchen, den Kragen und die Bänder in Form streichen.

### TIPP:

***Bei diesem offenen Pullunder kann man sehr gut mit Größen spielen. Wählt ihr z. B. XL oder macht das Vorder- und Rückteil noch breiter, wird der Pullunder zum Poncho. Macht ihr die Teile sehr schmal und kurz, wird aus dem Pullunder ein Krageneinsatz.***

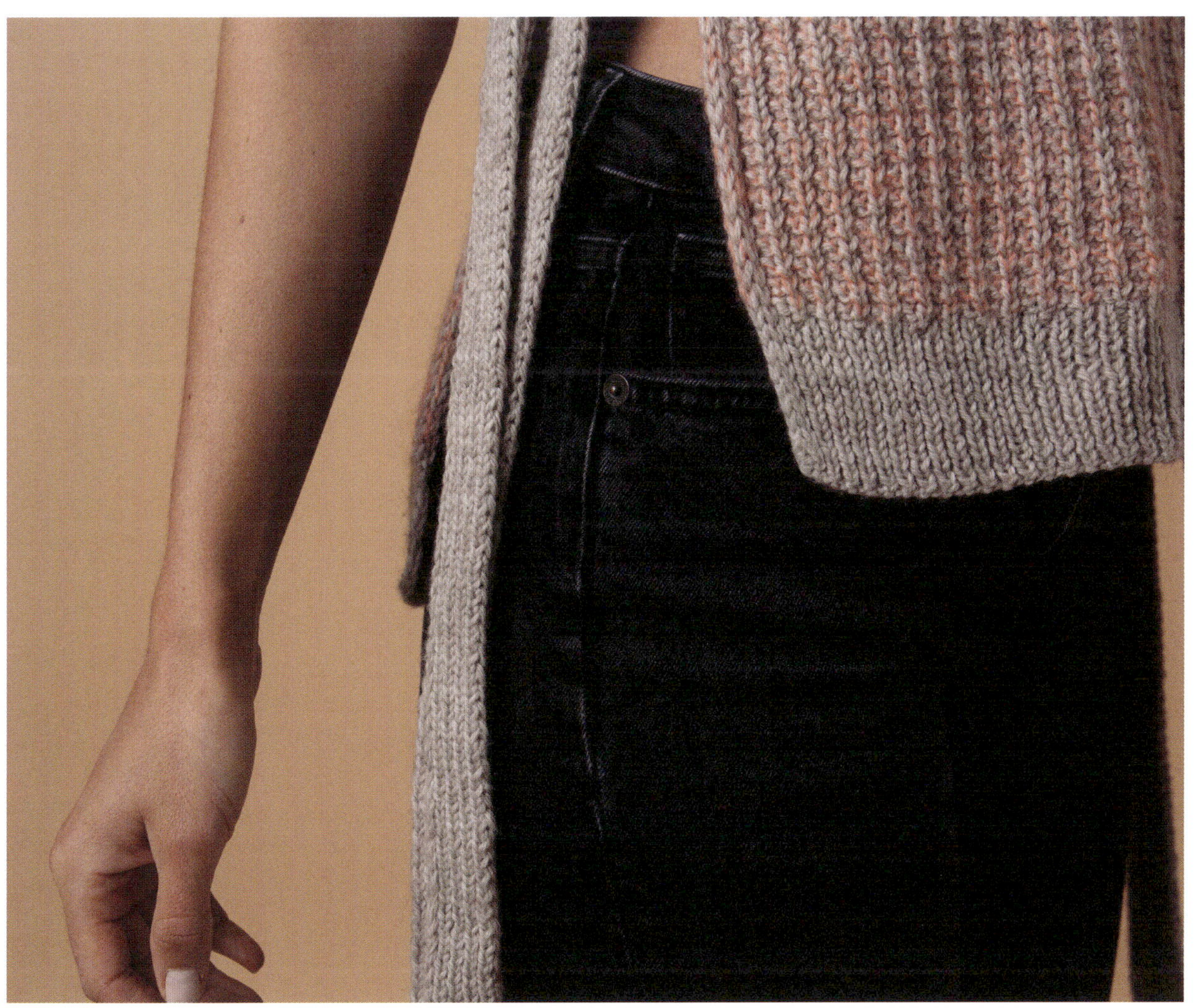

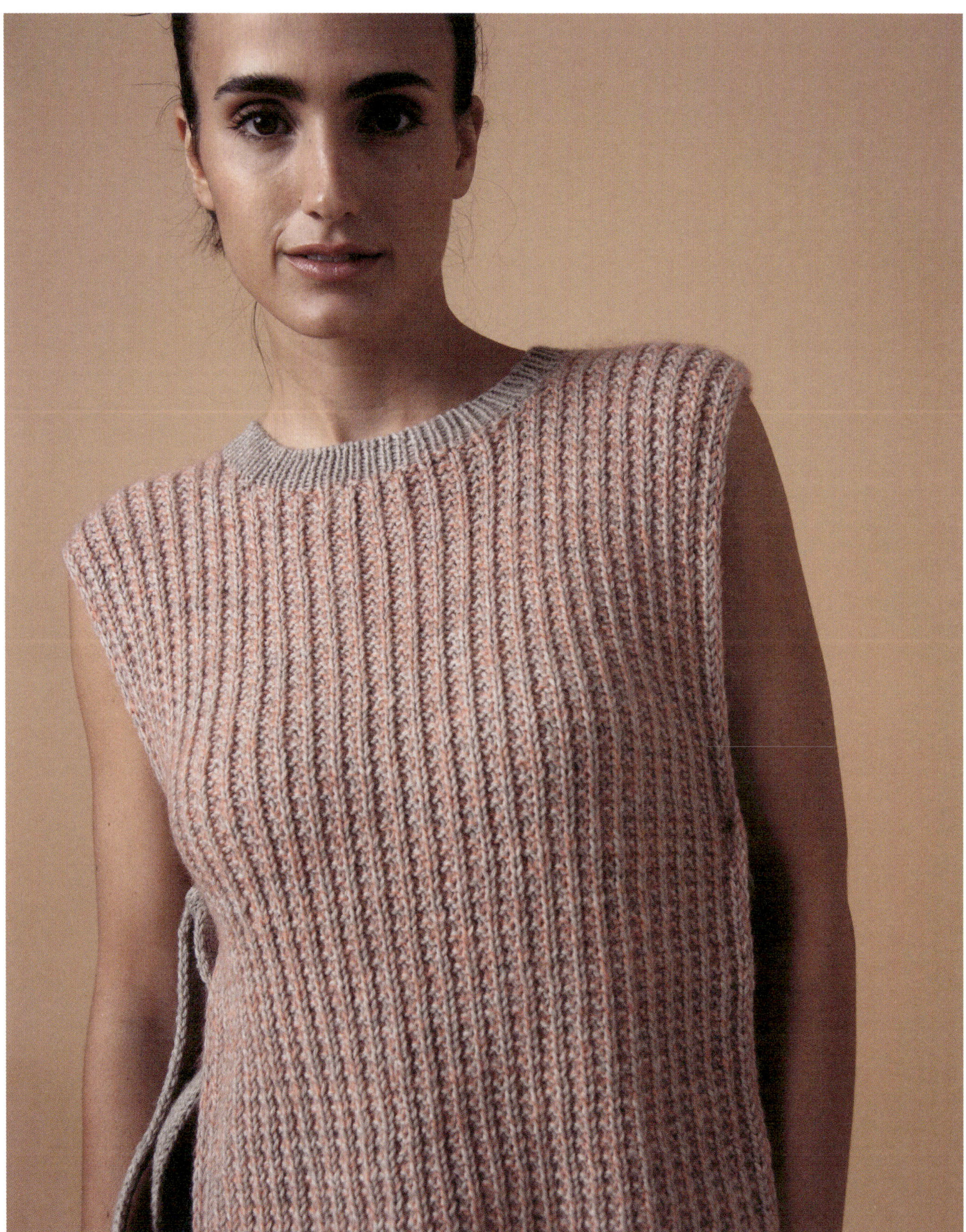

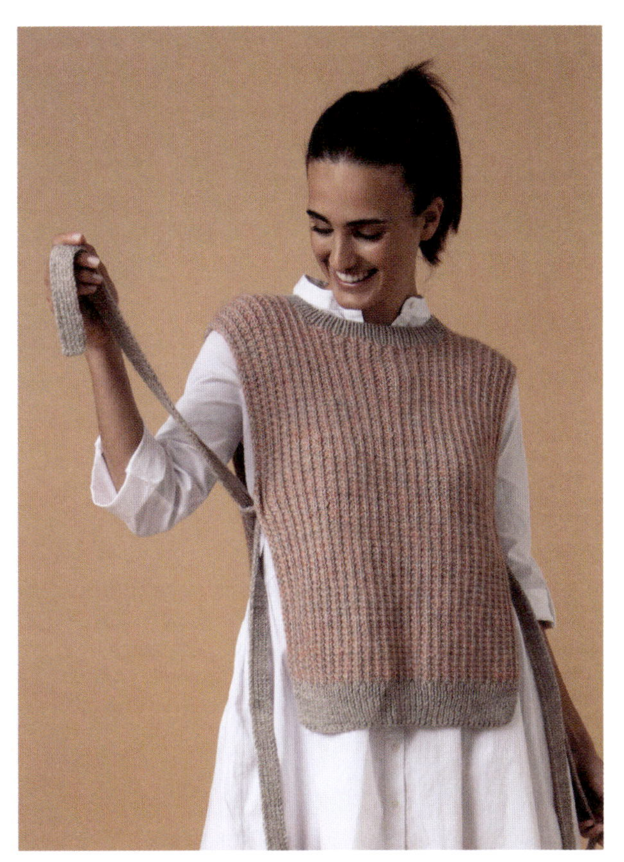
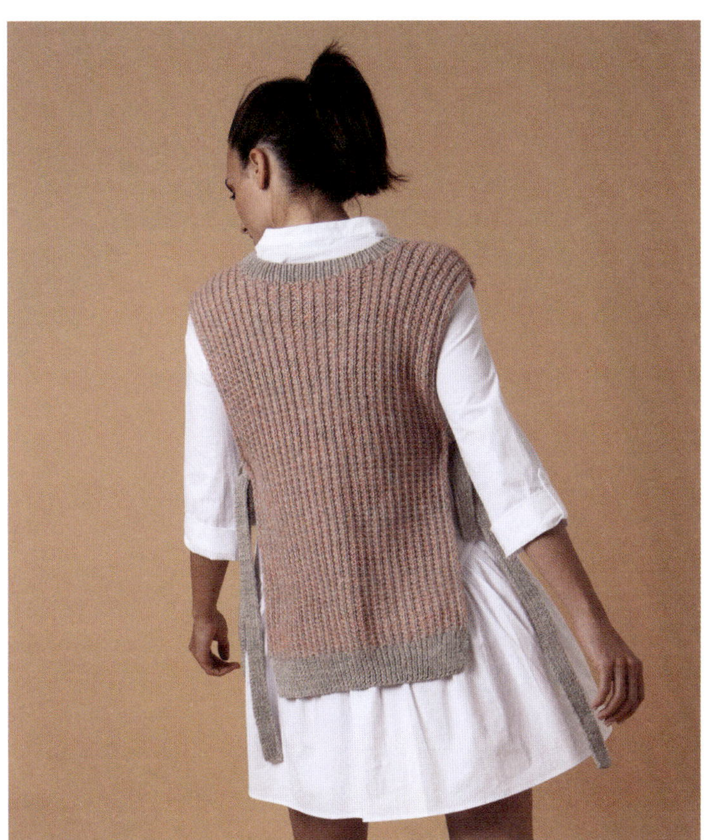
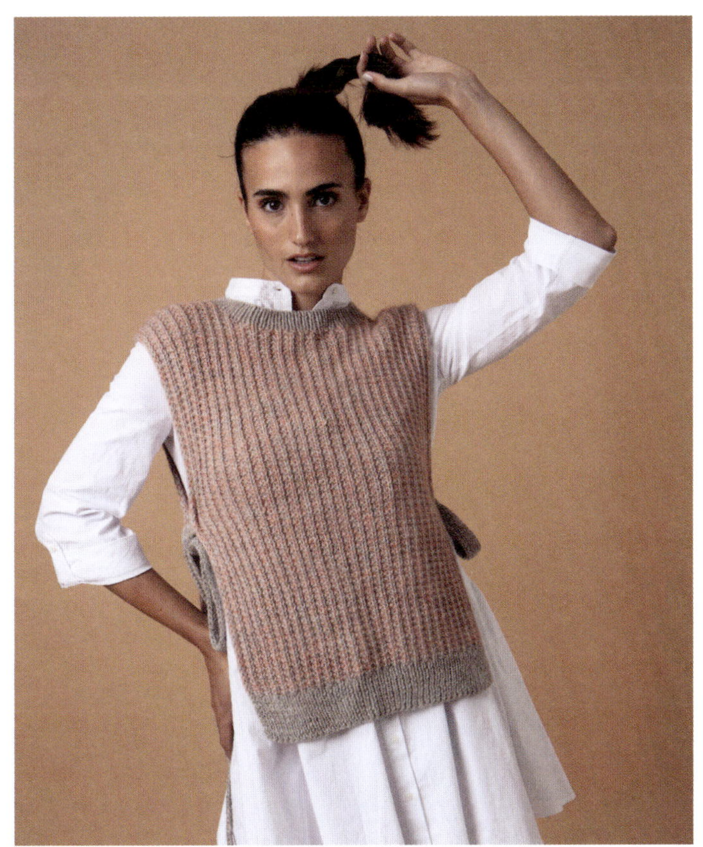
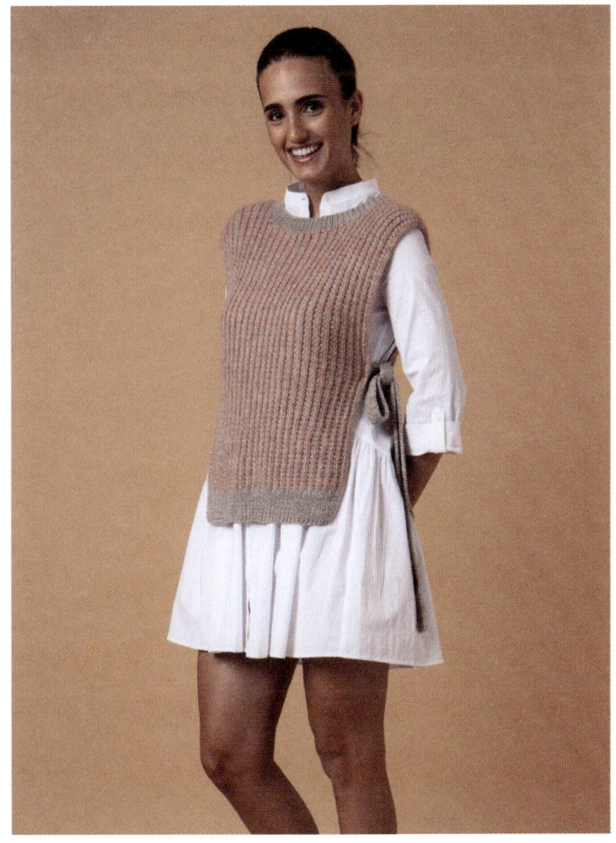

# FÜR FORTGESCHRITTENE

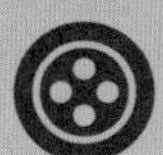 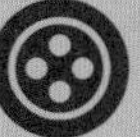

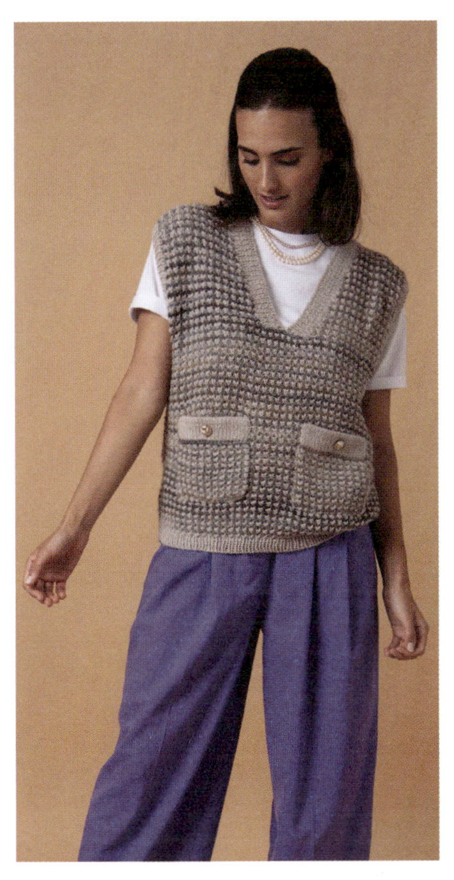
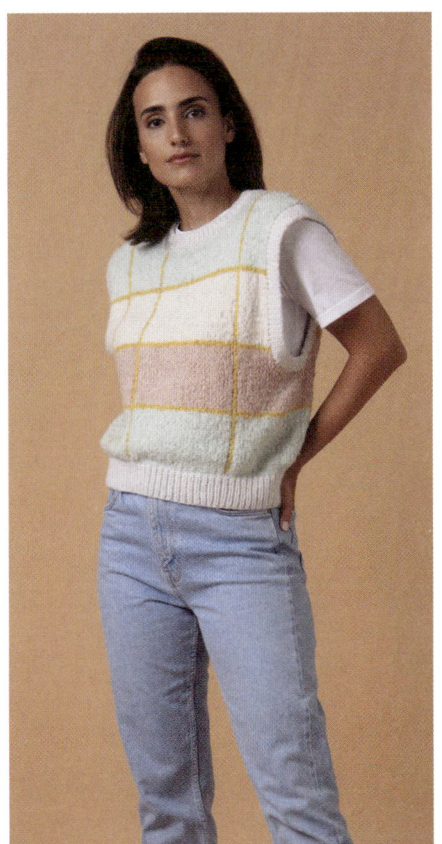
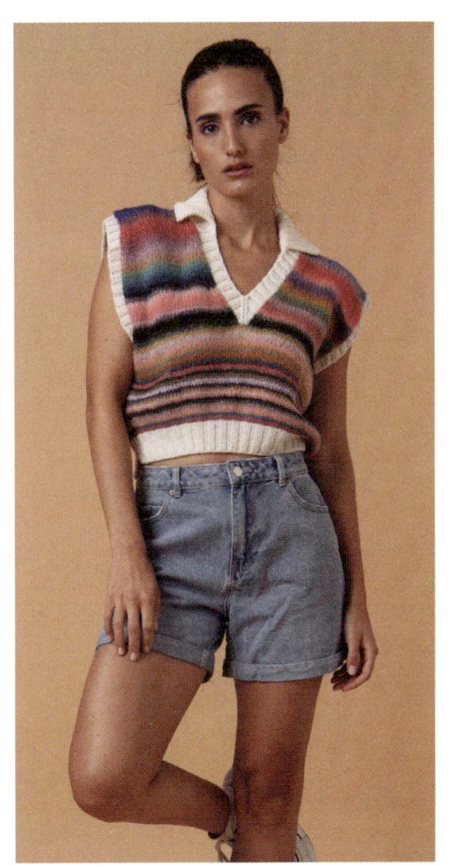
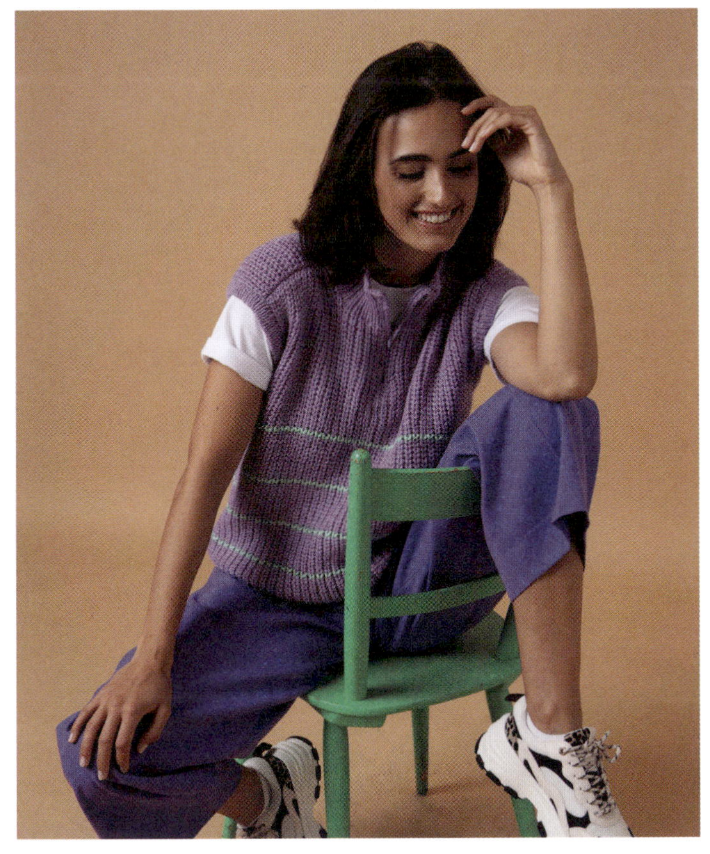
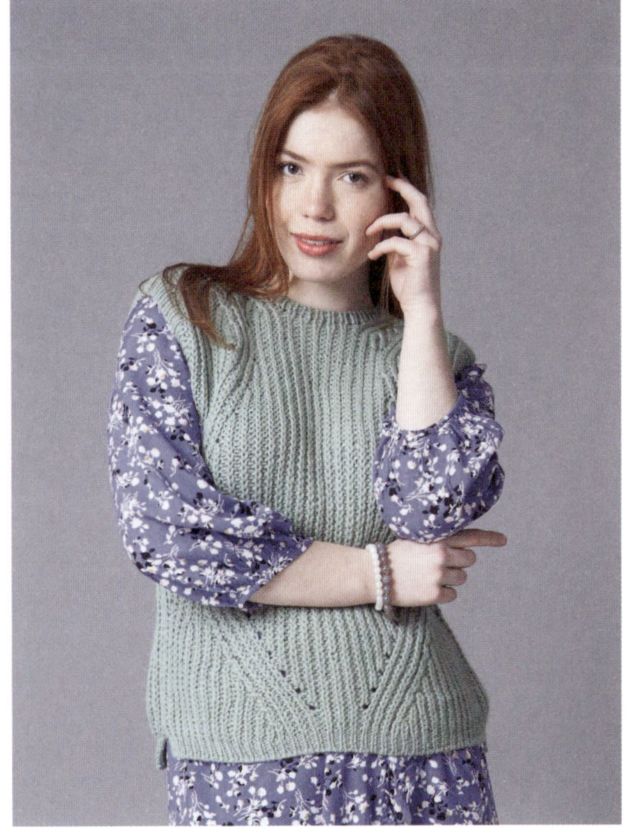

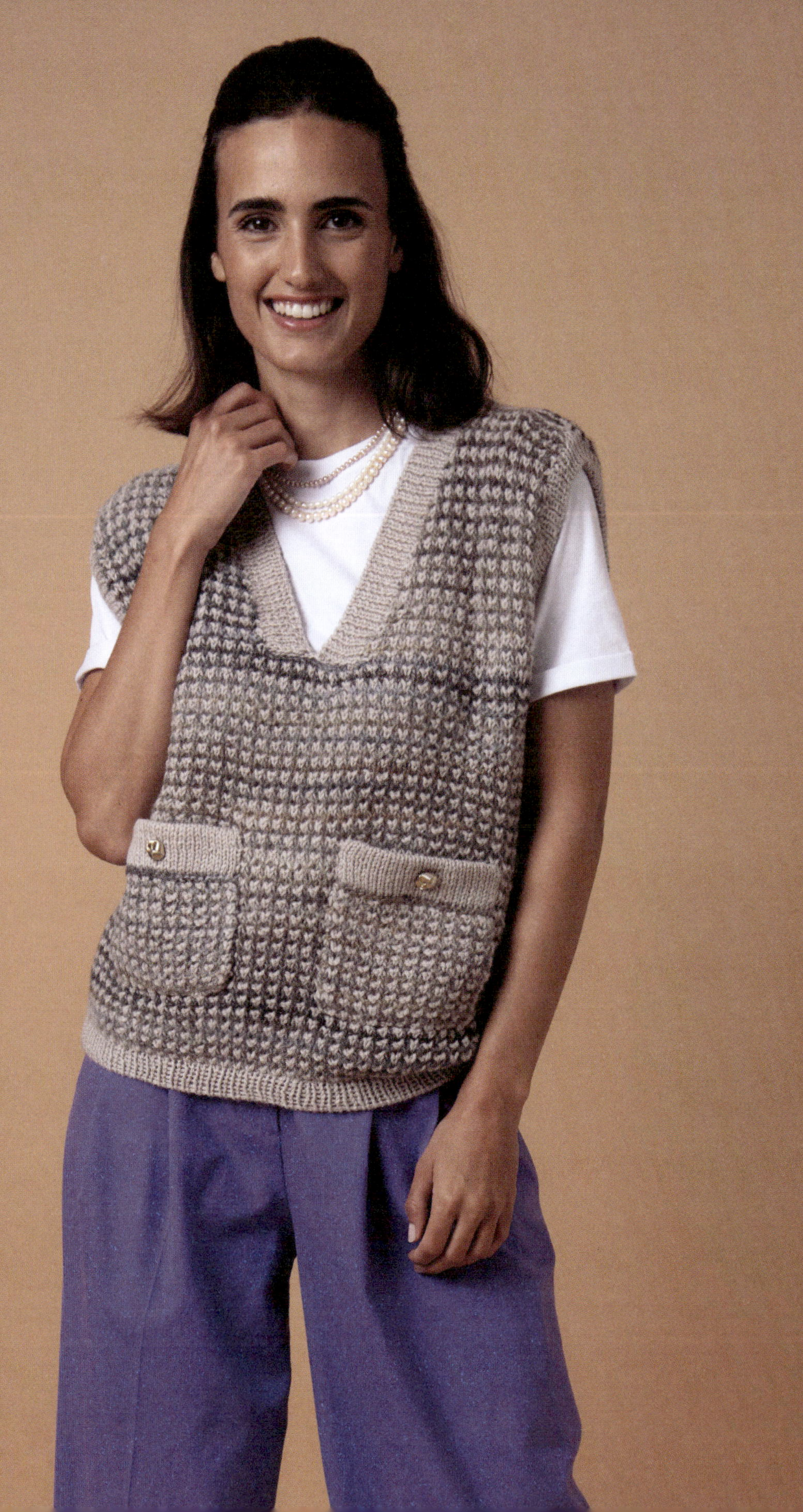

# NOMI

### SCHWIERIGKEITSGRAD:

⊗⊗ Nehmt euch ein bisschen Zeit und dazu einen guten Tee!

**TWEED PULLUNDER** – *Tweed ist nicht nur als Stoff und Garn ein Klassiker. Tolle Struktur und Farbspiele kann man auch mit dem Strickmuster kreieren. Es ist das Zusammenwirken von Garn mit Farbverlauf und einem sanften Beige. Ganz klar wieder erkennbar sind die aufgenähten Taschen mit abgesetztem Eingriff, die charakteristischen Goldknöpfe in dem gleichen dezenten Beige wie die Bündchen an Saum, Ärmel und Kragen. Mit seinem zeitlosen Charme und dem hohen Tragekomfort ist der Pullunder ein stilvoller Begleiter, ergänzt klassische Outfits und bricht in legeren Looks das Klischee.*

### STRICKWEISE

Der Pullunder wird als Vorder- und Rückteil einzeln im Tweed-Strickmuster gefertigt. Am Vorderteil werden die Rückwände für die Taschen kraus rechts gearbeitet. Die Seiten- und Schulternähte werden geschlossen und die Bündchen in Rippe 1 x 1 an Kragen, Armloch und Saum angestrickt.

Die Taschen werden auch separat gefertigt und mit dem Matratzenstich an das Vorderteil angebracht. Zum Schluss werden die Knöpfe an die Eingriffe genäht.

### MATERIAL UND WERKZEUG

- Farbe A: 160/180/200/220 g Essentials Merino plus DK Rico Design, Nr. 19, LL 125 m pro 50 g
- Farbe B: 100/110/120/130 g Creative Melange Garzato aran Wonderball Rico Design Nr. 07, LL 700 m pro 200 g
- Zwei Vintagegoldknöpfe oder Perlknöpfe
- Rundstricknadeln 4,0 und 4,5 mm, Seillänge 80–120 cm
- Hilfsseil oder Hilfsgarn, mind. 40 cm
- Maschenmarkierer
- Wollnadel

### FERTIGMASSE

S/M/L/XL

A: 57/61/65/69 cm

B: 51/54/57/61 cm

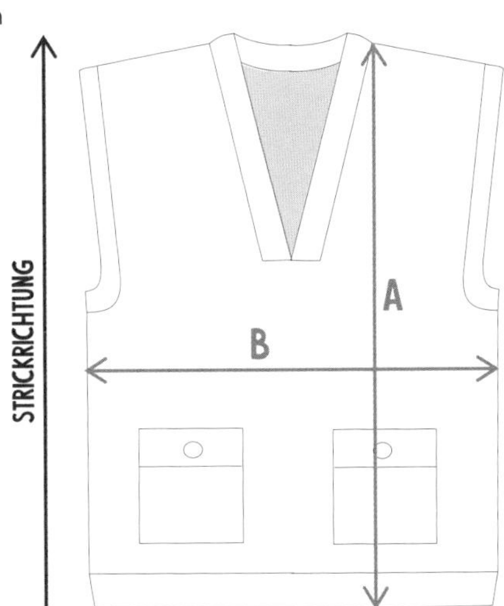

## MASCHENPROBE

Tweedmuster mit Frb A und B, Nadelstärke 4,5 mm

10 x 10 cm = 26 M x 36 R

## RANDMASCHEN

Die 1. M wird stets abgenommen, die letzte M wird stets li gestrickt.

## GRUNDMUSTER GLATT RECHTS IN REIHEN

RM, alle M re stricken, RM.

## GRUNDMUSTER RIPPE 1 X 1 IN RUNDEN

Abwechselnd 1 M re, 1 M li stricken.

## GRUNDMUSTER TWEED

In diesem Muster werden abwechselnd 2 R in je einer Frb gestrickt. Die Maschenanzahl für einen Rapport beträgt 2 M.

M anschl, R 1 und 2 in Frb A kraus rechts stricken.

Zu Frb B wechseln und wie folgt stricken:

**1. Hin-R in Frb B:** RM, abwechselnd in die M eine R tiefer stechen und re M stricken, re M stricken bis Ende der R, RM.

**2. Rück-R:** RM, alle M re stricken, RM.

**3. Hin-R in Frb A:** RM, abwechselnd 1 re M, in die M eine R tiefer stechen und re M stricken bis Ende der R, RM.

**4. Rück-R:** RM, alle M re stricken, RM.

Fortlaufend die 1–4. R wdh.

# ANLEITUNG

## RT

89/95/101/107 M in Frb A anschl und 2 R kraus rechts stricken. Frb B aufnehmen und 27/28/29/30 cm Grundmuster Tweed stricken.

## RT ARMAUSSCHNITT

**1. Hin-R:** 3 M abketten, weiter nM stricken, RM.

**2. Rück-R:** 3 M abketten, weiter nM stricken, RM.

**Weiter in 1. Hin-R:** RM, 2 M zus-stricken, weiter nM stricken bis 3 vor R-Ende, 2 M zusstricken RM.

**Rück-R:** RM, weiter nM stricken, RM.

Insgesamt 3x Hin- und Rück-R stricken.

Weiter 23/24/25/26 cm nM stricken.

## RT HALSAUSSCHNITT

**Linke Seite:** 26/28/30/32 M nM stricken und stilllegen, 25/27/29/31 M abketten, 26/28/30/32 M nM stricken. Rück-R nM stricken.

**1. Hin-R:** RM, 2 M zusstricken, weiter nM stricken bis R-Ende, RM.

**2. Rück-R:** nM stricken.

Insgesamt 3x Hin- und Rück-R wdh. M abketten.

**Rechte Seite:** 26/28/30/32 M wieder aufnehmen. Rück-R nM stricken.

**1. Hin-R:** RM, nM stricken bis 3 M vor R-Ende, 2 M zusstricken, RM.

**2. Rück-R:** nM stricken.

Insgesamt 3x Hin- und Rück-R wdh. Mit Rück-R enden und die M abketten.

## VT

79/85/91/97 M für VT in Frb A anschl. 2 R kraus rechts stricken.

Frb B aufnehmen und im Grundmuster Tweed 6/7/8/8 cm stricken.

Bei Taschenrückwand Grundmuster Tweed stricken und von M 12/14/16/18 – 34/36/38/40 und von M 46/50/54/58 – 68/72/76/80 kraus rechts stricken. Etwa 12 cm hoch stricken.

Weiter bis Armausschnitt nur Grundmuster Tweed stricken. Insgesamt 27/28/29/30 cm stricken.

## VT ARMAUSSCHNITT

**1. Hin-R:** 3 M abketten, weiter nM stricken, RM.

**2. Rück-R:** 3 M abketten, weiter nM stricken, RM.

**Weiter in 1. Hin-R:** RM, 2 M zusstricken, weiter nM stricken bis 3 M vor R-Ende, 2 M zusstricken RM.

**Rück-R:** RM, weiter nM stricken, RM.

Insgesamt 3x Hin-u. Rück-R stricken.

Weiter 3 cm nM stricken.

## VT HALSAUSSCHNITT

**Rechte Seite:** 26/29/32/35 M nM stricken und stilllegen, 15 M abketten, 26/29/32/35 M nM stricken. Rück-R nM stricken.

4 R nM stricken.

**1. Hin-R:** RM, 2 M zusstricken, nM stricken, RM.

**2. Rück-R:** nM stricken.

Weiter 6 R nM stricken. Die 1.–8. R insgesamt 5x wdh. M abketten.

**Linke Seite:** M wieder aufnehmen und Rück-R nM stricken. Weiter 4 R nM stricken.

**1. Hin-R:** RM, nM stricken bis 3 M vor R-Ende, 2 M zusstricken, RM.

**2. Rück-R:** nM stricken.

Weiter 6 R nM stricken. Die 1.–8. R insgesamt 5x wdh. M abketten.

VT und RT links auf links aufeinanderlegen und die Seiten- und Schulternähte mit dem Matratzenstich schließen.

## SAUMBÜNDCHEN

Am Saum aus den Anschlag-M insgesamt 166/174/182/190 M aufnehmen, die Maschenanzahl muss durch 2 teilbar sein. MM am Rd-Anfg ansetzen. Weiter 6 Rd Rippe 1 x 1 stricken und M ital abketten.

## ARMAUSSCHNITT BÜNDCHEN

Am Armausschnitt aus dem QF zur RM insgesamt 130/134/138/142 M aufnehmen, die Maschenanzahl muss durch 2 teilbar sein. MM am Rd-Anfg ansetzen. Weiter 6 Rd Rippe 1 x 1 stricken und M ital abketten. Den zweiten Armausschnitt genauso arbeiten.

## HALSAUSSCHNITT BÜNDCHEN

An der langen Kante des Halsausschnittes aus dem QF zur RM insgesamt 199/203/207/211 M aufnehmen. Die Maschenanzahl muss ungerade sein. Weiter 9 R Rippe 1 x 1 stricken. M ital abketten.

Die kurzen Seite des Bündchens re auf re auf VM legen, sodass die Kanten aneinanderstoßen. Teile von li aneinandernähen.

## TASCHE UND TASCHENKLAPPE

Für die Tasche 23 M in Frb A anschl, 2 R re kraus rechts stricken, Frb B ansetzen und weiter 10 cm im Grundmuster Tweed stricken, mit Frb B enden und mit Frb A 24 R glatt rechts stricken. Tascheneingriff mittig falten und die M mit dem Maschenstich an der linken Seite annähen.

Die zweite Tasche genauso fertigen.

Taschen auf VT platzieren, sodass die Rückwand bedeckt ist, und beide Taschen mit knappem Matratzenstich an VT annähen.

## FERTIGSTELLUNG

Fäden einweben, den Pullunder in der Handwäsche waschen und liegend trocknen lassen. Den Körper, die Bündchen und den Kragen in Form streichen.

Knöpfe erst nach der Wäsche an die Taschenklappen annähen.

### TIPP:

*Spielt mit den Farben. Wählt ein buntes Garn mit interessantem Farbverlauf für den Pullunder. Wie wäre es mit kleinen Neonsprenkeln? Die machen den Tweed gleich noch ein wenig moderner.*

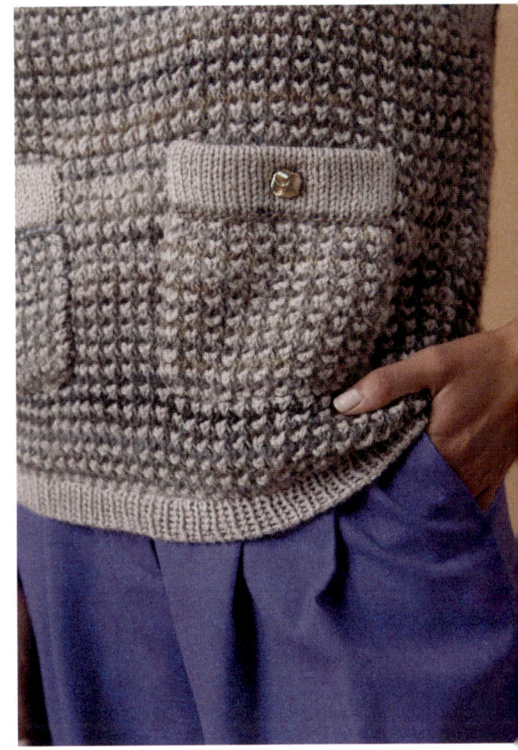

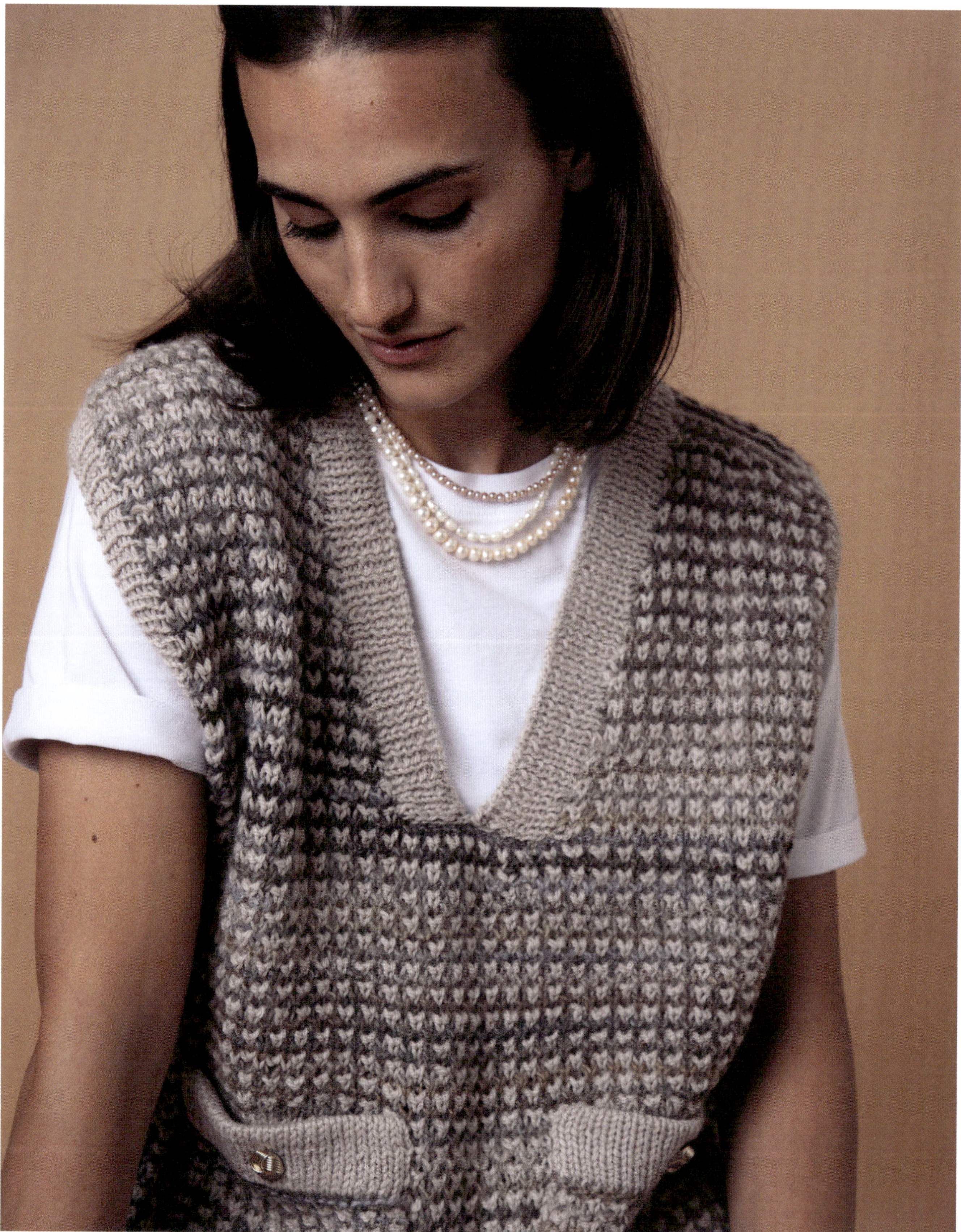

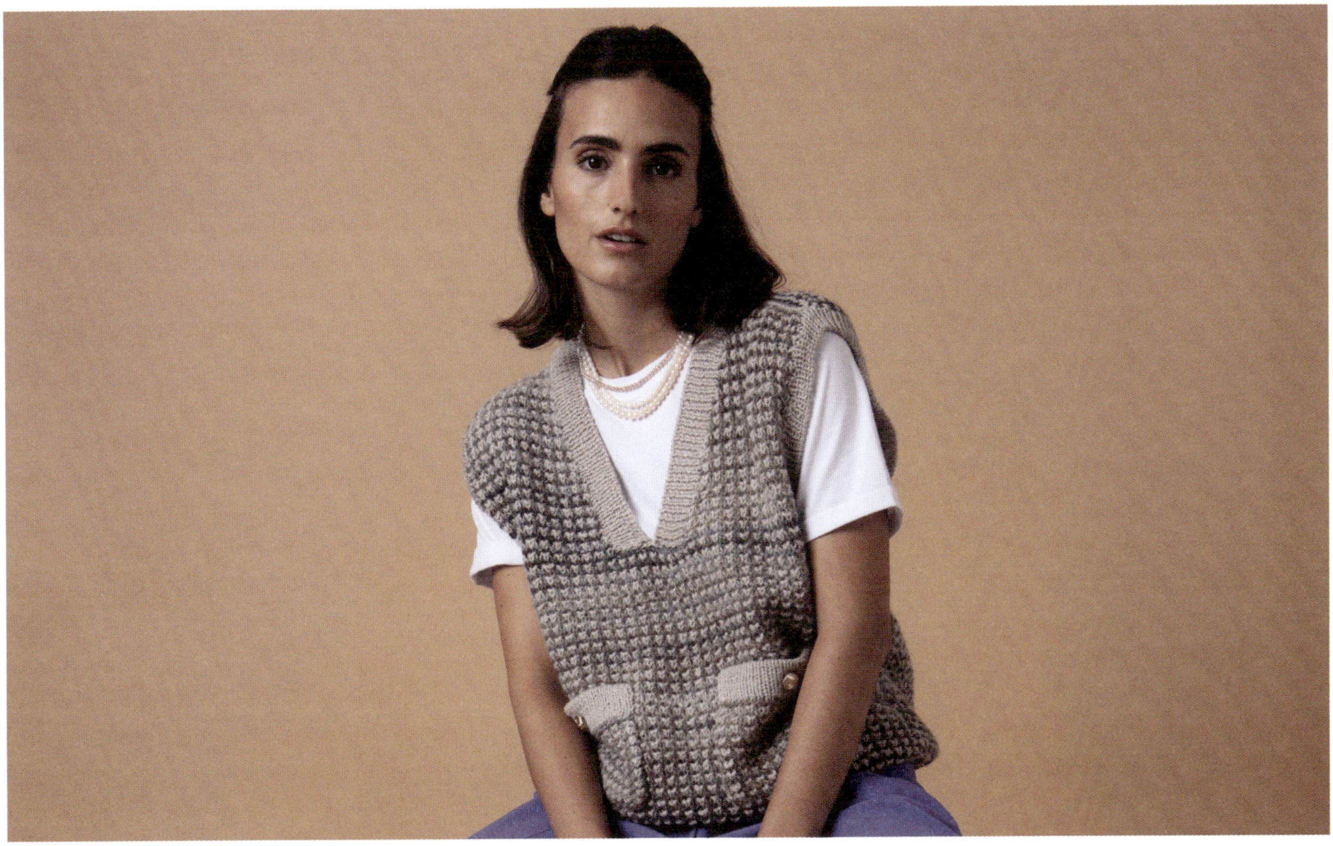

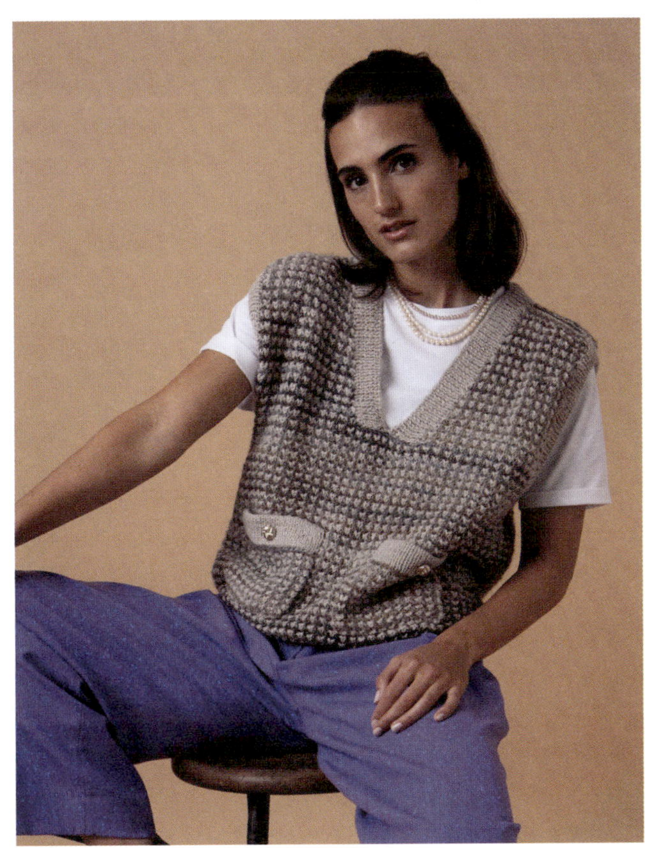

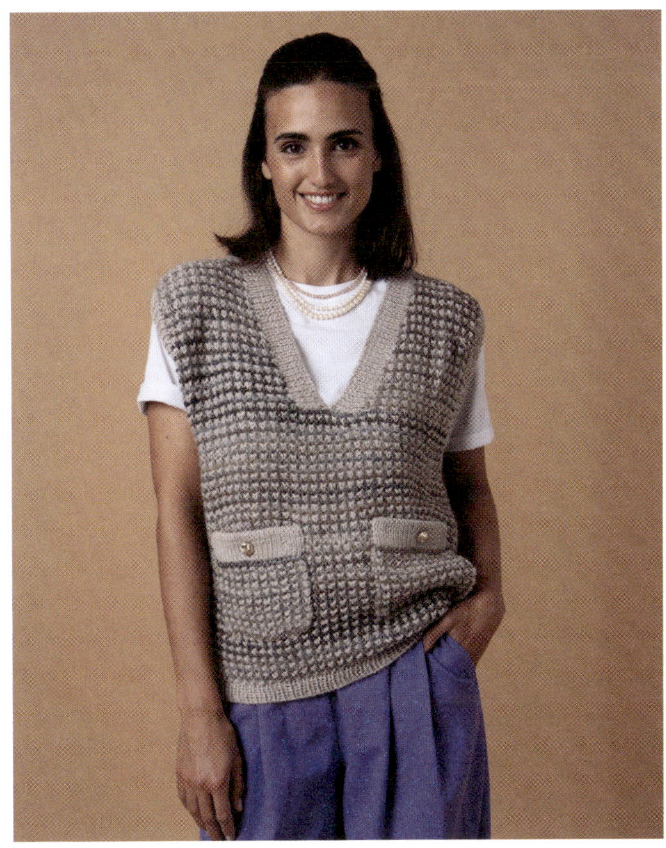

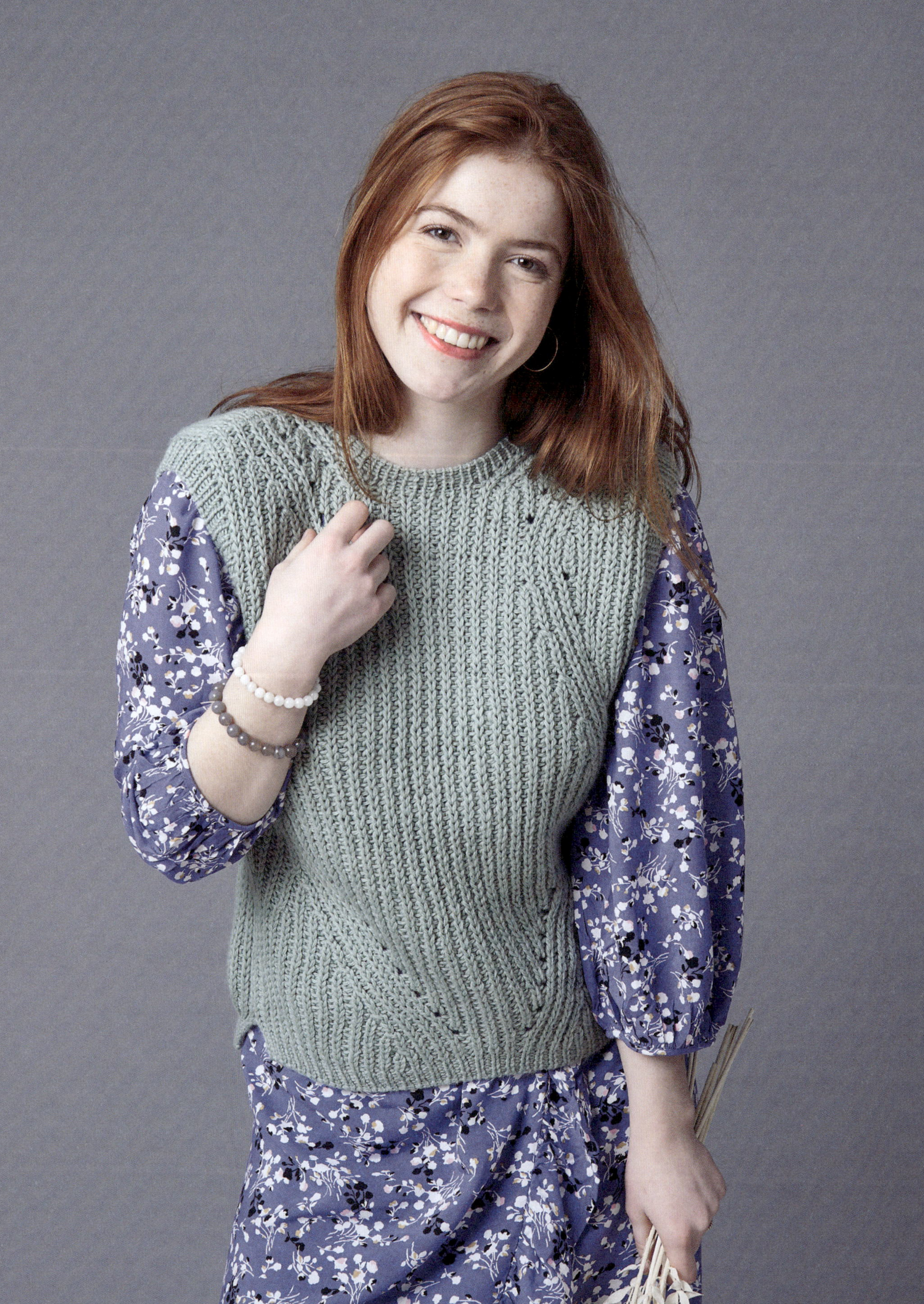

# JARO

## SCHWIERIGKEITSGRAD:

⊗⊗ Nehmt euch ein bisschen Zeit und dazu einen guten Tee!

**PULLUNDER IN HALBPATENT** – *Wie ein Rahmen um den Oberkörper verläuft in diesem Pullunder das Strickmuster, das durch betonte Patentabnahmen und zunahmen kreiert wird. Es ist ein kleines Designelement in dem sonst sehr dezenten Pullunder in modischem Mintton, der mit so vielen unterschiedlichen Kleidungsstücken und Stilen getragen werden kann.*

## STRICKWEISE

Der Pullunder wird vom Saumbündchen nach oben hin im Halbpatentmuster gestrickt. Vorder- und Rückteil werden in Reihen einzeln gefertigt. Anschließend werden die Schulter- und Seitennähte geschlossen.

Das Halsbündchen und die Bündchen um die Armausschnitte werden in Runden angestrickt.

## MATERIAL UND WERKZEUG

- 400/450/500/550 g Carpe Diem, Lang Yarns, Salbei Nr. 92, LL 90 m pro 50 g
- Stricknadeln 4 mm und 5 mm, Seillänge 80–120 cm
- Maschenmarkierer
- Wollnadel

## FERTIGMASSE

S/M/L/XL

A: 50/52/54/56 cm

B: 47/51/55/59 cm

C: 53/55/57/59 cm

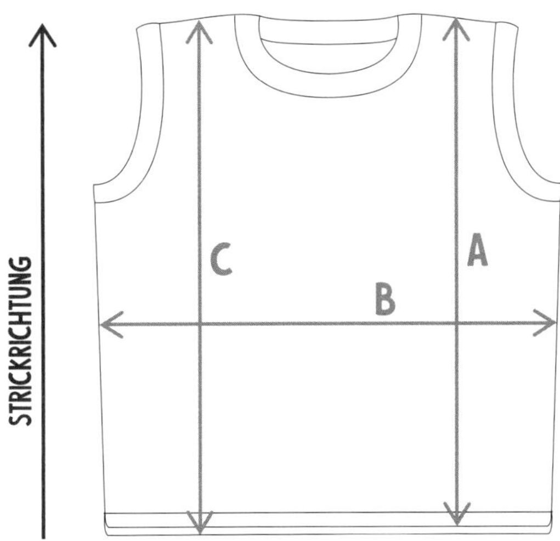


## TIPP:

*Diesen Pullunder kann man auch super als Crop-Variante stricken und nur die oberen Elemente des Musters ab Taille stricken.*

## MASCHENPROBE

Nadelstärke 5 mm in Halbpatent

10 x 10 cm = 17 M x 26 R

## RANDMASCHEN

Die 1. M wird stets abgenommen, die letzte M wird stets li gestrickt.

## GRUNDMUSTER HALBPATENT

Dieses Muster besteht aus 2 R:

**1. R:** RM, abwechselnd 1 re, 1 li M stricken, RM.

**2. R:** RM, die re M re stricken, dabei eine R tiefer stechen, die li M li stricken, RM.

## GRUNDMUSTER RIPPE 1 X 1 IN REIHEN

**Hin-R:** RM, abwechselnd 1 M re, 1 M li stricken bis R-Ende, RM.

**Rück-R:** RM, M stricken, wie sie erscheinen, RM.

## GRUNDMUSTER RIPPE 1 X 1 IN RUNDEN

Abwechselnd 1 M re, 1 M li stricken.

## BETONTE HALBPATENTABNAHME

**li gen Abnahme:** in 3 M (re M, li M, re M) von re nach li einstechen und 1 re M durchstricken.

**re gen Abnahme:** 3 M (re M, li M, re M) abheben und gewendet auf die Maschennadel setzen, von li nach re in die 3 M einstechen und 1 re M durchstricken.

Die Rück-R jeweils nM stricken.

## BETONTE HALBPATENTZUNAHME

Aus dem QF 2M (1 re M, 1 U) herausstricken.

In der Rück-R die 2 M dem Patentmuster anpassen, U nicht verschränkt stricken.

# ANLEITUNG

## RT

Auf 4-mm-Nadeln 91/97/103/107 M ital anschl, 12 R Rippe 1 x 1 stricken. Zu 5-mm-Nadeln wechseln und 15/17/19/21 cm HP stricken.

**1. Hin-R:** RM, 10 M nM stricken, 3 M li gen zusstricken, weiter nM stricken bis 14 M vor R-Ende, 3 M re gen zusstricken, 10 M nM stricken, RM.

**2. Rück-R:** nM stricken.

**3. Hin-R:** RM, 4 M nM stricken, 1 HP-Zun, weiter nM stricken bis 5 vor R-Ende, 1 HP-Zun, 4 M nM stricken, RM.

**4. Rück-R.:** nM stricken.

Weiter 6 R nM stricken.

Insgesamt 11x die 1.–10. R wdh, dabei wird das HP-Muster von den Seiten zur Mitte hin verschoben.

## RT ARMAUSSCHNITT

Bei 30/32/34/36 cm RT-Höhe vom Saum aus beginnen.

**1. Hin-R:** RM, 2 M nM, 3 M li gen zusstricken, weiter nM bis 6 M vor R-Ende, 3 M re gen zusstricken, 2 M nM, RM.

**Rück-R:** nM stricken.

Weiter 4 R nM stricken.

Insgesamt 6x die 1.–6. R wdh.

## RT HALSAUSSCHNITT

**Linke Seite:** 22/25/28/30 M nM stricken und stilllegen, 23 M nM stricken und stilllegen, 22/25/28/30 M nM stricken.

**1. Hin-R:** RM, 2 M nM, 3 M li gen zusstricken, weiter nM stricken bis R-Ende, RM.

**2. Rück-R:** nM stricken.

Insgesamt 3x Hin- und Rück-R wdh.

M abketten.

**Rechte Seite:** 22/25/28/30 Anfangs-M wieder aufnehmen.

**1. Rück-R:** nM stricken.

**2. Hin-R:** RM, nM stricken bis 6 M vor R-Ende, 3 M re gen zusstricken, 2 M nM, RM.

Insgesamt 2x Hin- und Rück-R wdh. Mit Rück-R enden und die M abketten.

## VT

Auf 4-mm-Nadeln 91/97/103/107 M ital anschl, 12 R Rippe 1 x 1 stricken. Zu 5-mm-Nadeln wechseln und 2/3/4/5 cm HP stricken.

**1. Hin-R:** RM, 24 M nM, 3 M re gen zusstricken, weiter nM stricken bis 28 M vor R-Ende, 3 M li gen zusstricken, 24 M nM, RM.

**2. Rück-R:** nM stricken.

**3. Hin-R:** RM, 31 M nM, 1 HP-Zun, weiter nM stricken bis 35 M vor R-Ende, 1 HP-Zun, weiter nM stricken, RM.

**4. Rück-R:** nM stricken.

Weiter 2 R nM stricken.

Insgesamt 8x die 1.–6. R wdh, dabei wird das HP-Muster von der Mitte zu den Seiten hin verschoben.

In der Hin-R mit 6. HP-Abnahme zu den Seiten, mit dem HP Muster zur Mitte beginnen.

**1. Hin-R:** RM, 10 M nM, 3 M li gen zusstricken, weiter nM stricken bis 14 M vor R-Ende, 3 M re gen zussstricken, 10 M nM, RM.

**2.Rück-R:** nM stricken.

**3. Hin-R:** RM, 4 M nM, 1 HP-Zun, weiter nM stricken bis 5 M vor R-Ende, 1 HP-Zun, 4 M nM, RM.

**4. Rück-R:** nM stricken.

Weiter 6 R nM stricken.

Insgesamt 9x die 1.–10. R wdh, dabei wird das HP-Muster von den Seiten zur Mitte hin verschoben.

Weiter 10 R nM stricken.

**1. Hin-R:** RM, 10 M nM, 3 M re gen zusstricken, weiter nM stricken bis 14 M vor R-Ende, 3 M li gen zusstricken, 10 M nM, RM.

**2.Rück-R:** nM stricken.

**3. Hin-R:** RM, 18 M nM, 1 HP-Zun, weiter nM stricken bis 18 M vor R-Ende, 1 HP-Zun, weiter nM stricken, RM.

**Rück-R:** nM stricken.

Nach 2 HP-Abn und -Zun die Halsausschnittform beachten.

Insgesamt 4x die 1.–4. R wdh, dabei wird das HP-Muster von der Mitte zu den Seiten hin verschoben.

## VT ARMAUSSCHNITT

Bei 27/29/31/33 cm VT-Höhe ab Saum beginnen.

**1. Hin-R:** RM, 2 M nM, 3 M li gen zusstricken, weiter nM stricken bis 6 M vor R-Ende, 3 M re gen zusstricken, 2 M nM, RM.

**Rück-R:** nM stricken.

Weiter 4 R nM stricken.

Insgesamt 6x die 1.–6. R wdh.

## VT HALSAUSSCHNITT

22/25/28/30 M nM stricken und stilllegen, 23 M nM stricken und stilllegen, 22/25/28/30 M nM stricken.

Rück-R nM stricken.

**Linke Seite:**

**1. Hin-R:** RM, 2 M nM, 3 M li gen zusstricken, weiter nM stricken bis R-Ende, RM.

**2. Rück-R:** nM stricken.

Insgesamt 3x Hin- und Rück-R. wdh. Weiter 4 R nM stricken und M abketten. Hier das HP-Muster der linken Seite beachten.

**Rechte Seite:**

22/25/28/30 M weider aufnehmen.

**Rück-R:** nM stricken.

**1. Hin-R:** RM, nM stricken bis 6 M vor R-Ende, 3 M re gen zusstricken, 2 M nM, RM.

Insgesamt 2x Hin- und Rück-R wdh. Weiter 4 R nM stricken. Mit Rück-R enden und die M abketten. Hier das HP-Muster der rechten Seite beachten.

## SEITEN- UND SCHULTERNÄHTE

VT und RT links auf links aufeinanderlegen, die Seiten- und Schultenähte mit dem Matratzenstich schließen. Bei den Seitennähten darauf achten, dass das Halbpatentmuster symmetrisch ist.

## BÜNDCHEN AM ARMAUSSCHNITT

Mit 4-mm-Nadeln entlang der Armausschnittkante aus dem QF zur RM 100 M aufnehmen. Maschenanzahl muss durch 2 teilbar sein.

Weiter 8 R Rippe 1 x 1 stricken. M ital abketten.

Den zweiten Armausschnitt genauso arbeiten.

## BÜNDCHEN AM HALSAUSSCHNITT

Mit 4-mm-Nadeln entlang der Halsausschnittkante aus dem QF zur RM 90 M aufnehmen. Maschenanzahl muss durch 2 teilbar sein.

Weiter 8 R Rippe 1 x 1 stricken. M ital abketten.

## FERTIGSTELLUNG

Fäden einweben, den Pullunder in der Handwäsche waschen und liegend trocknen lassen. Den Körper und die Bündchen in Form streichen.

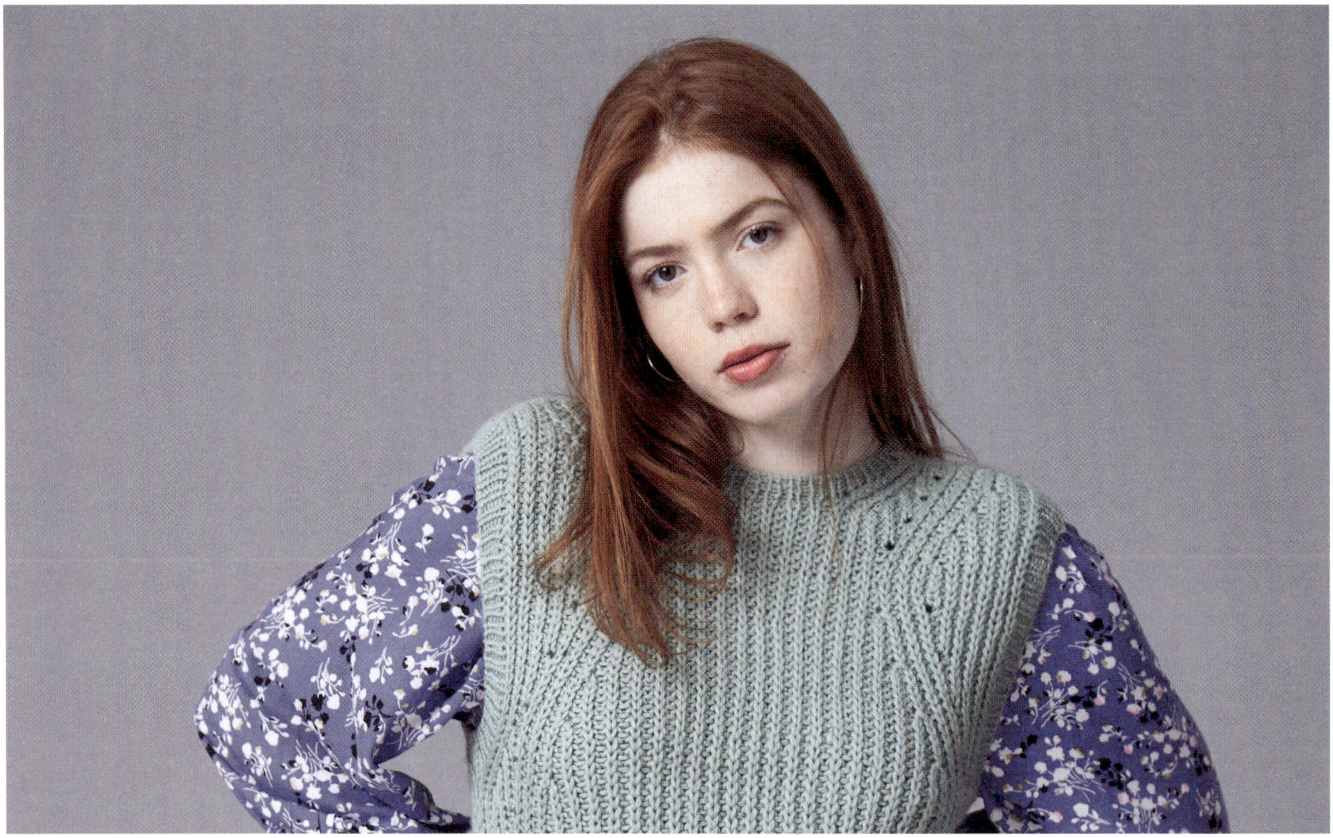

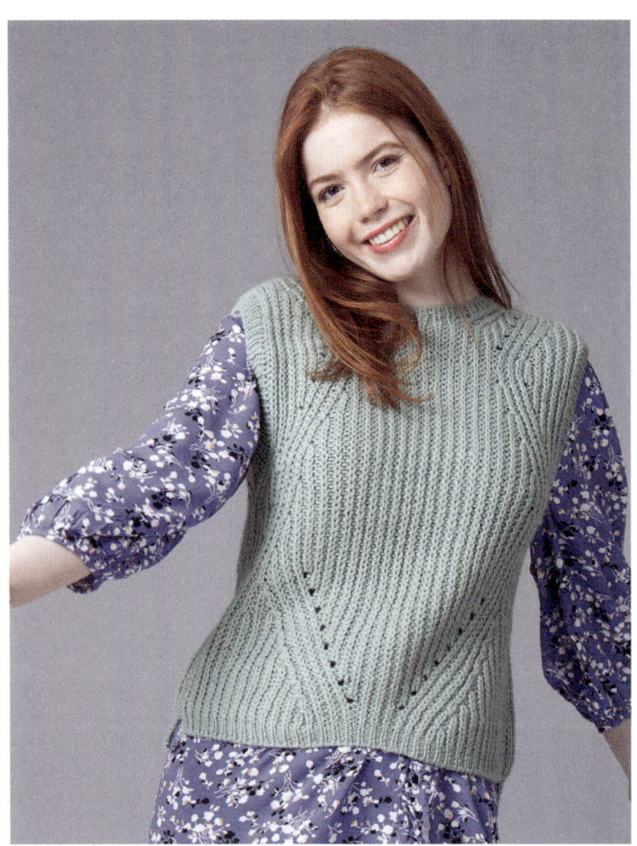

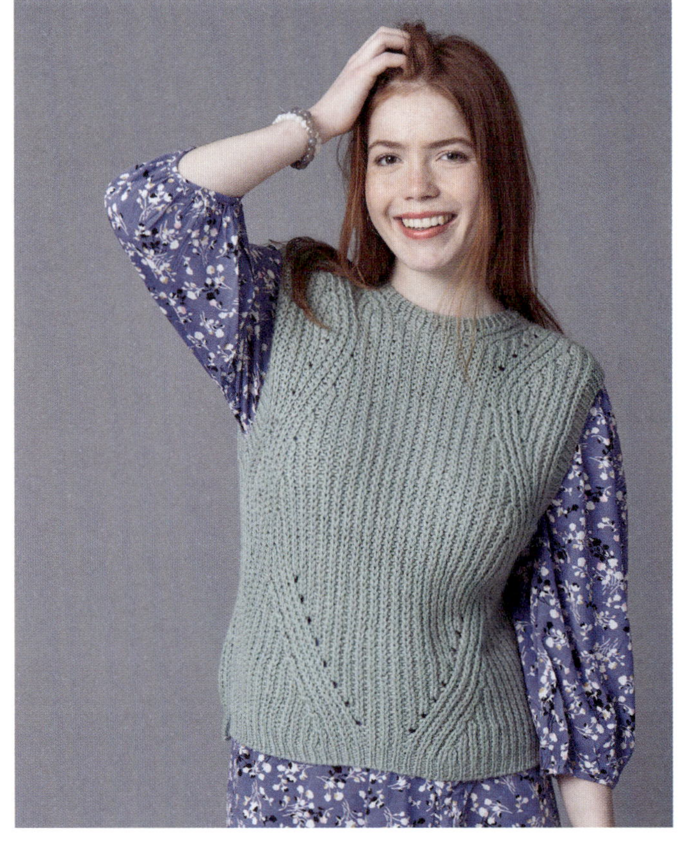

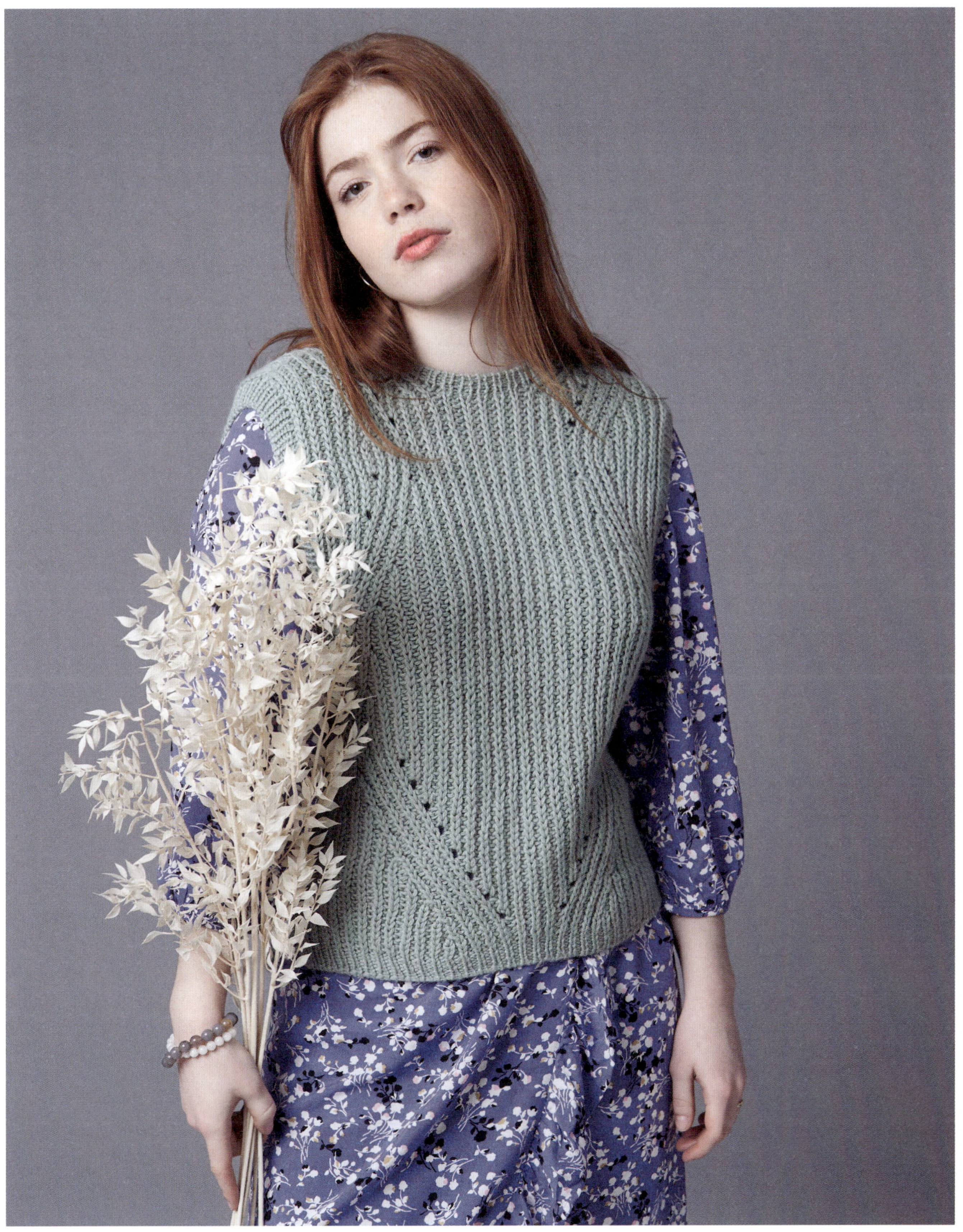

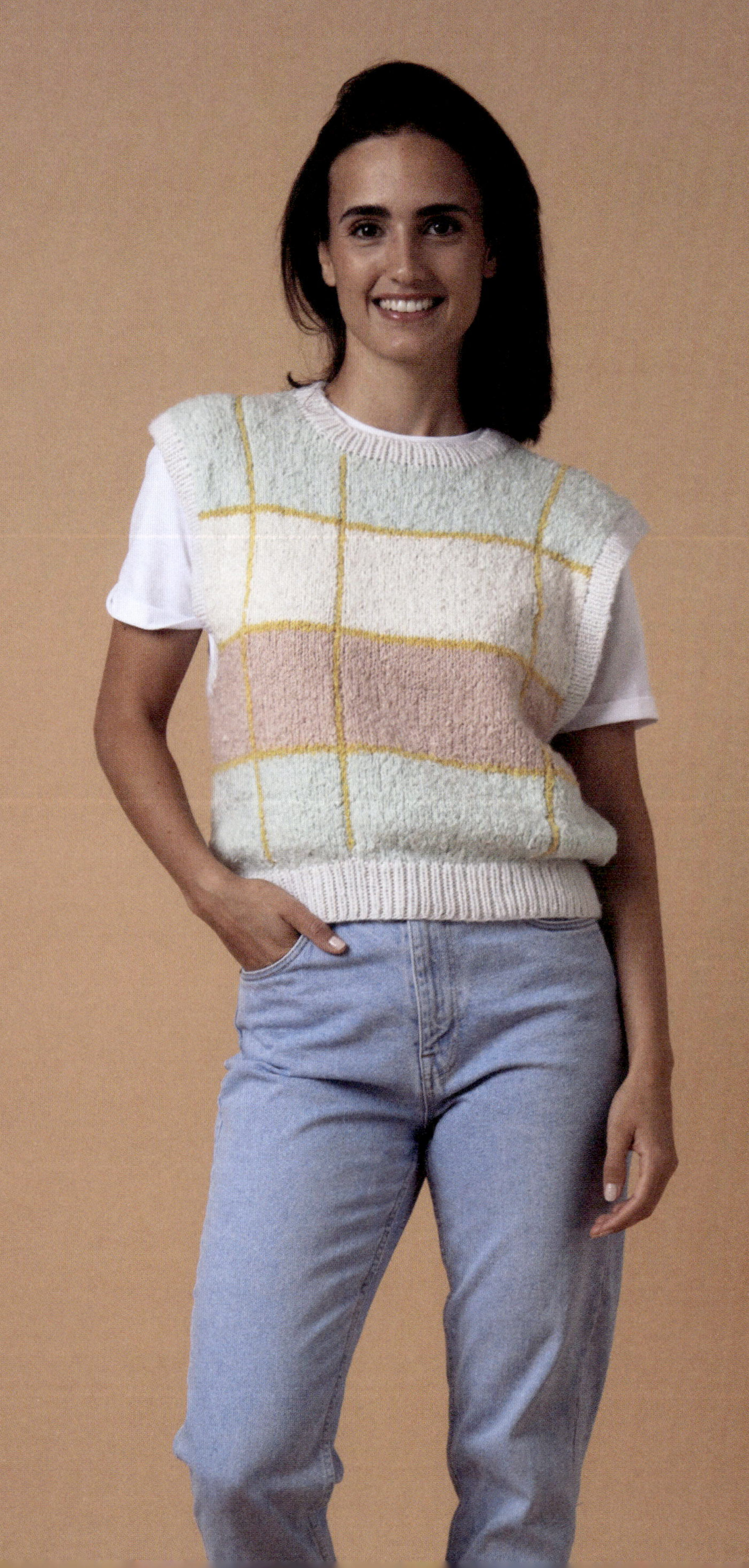

# JOSHA

### SCHWIERIGKEITSGRAD:

⊗⊗ Nehmt euch ein bisschen Zeit und dazu einen guten Tee!

**PULLUNDER MIT KAROMUSTER –** ***Karos können einen Hauch von Nostalgie erzeugen. Doch wenn sich eine stimmige Farbpalette und eine Variation an Garnqualitäten aneinanderreihen, entsteht ein wahres Designerstück. In diesem Pullunder sind dezentes Schnurgarn und Baumwolle mit flauschiger Textur nacheinander in waagerechten Linien gestrickt und harmonieren bestens. Den letzten Schliff bekommt der Pullunder durch die Linien, die die Karos abtrennen.***

### STRICKWEISE

Der Pullunder wird vom Saumbündchen in Rippe 1 x 1 nach oben hin erst in Runden glatt rechts gestrickt. Die senkrechten Linien werden durch linke Maschen gelegt. Dann werden Vorder- und Rückteil in Reihen einzeln gearbeitet. Anschließend werden die Schulternähte geschlossen. Das Halsbündchen und die Bündchen an den Armausschnitten werden angestrickt. Die senkrechten Linien werden mit einem Häkelstich gearbeitet.

### MATERIAL UND WERKZEUG

- Farbe A: 70/80/90/100 g Cotton Merino, Concept by Katia, Blaugrau Nr. 141, LL 105 m pro 50 g
- Farbe B: 40/50/60/70 g Pluma, Concept by Katia, Mint Nr. 75, LL 150 m pro 50 g
- Farbe C: 40/50/60/70 g Pluma, Concept by Katia, Rosa Nr. 72, LL 150 m pro 50 g
- Farbe D: 40/50/60/70 g Pluma, Concept by Katia, Weiß Nr. 70, LL 150 m pro 50 g
- Farbe E: 5/7/9/11 g Pluma, Concept by Katia, Ocker Nr. 88, LL 150 m pro 50 g
- Rundstricknadeln 4 mm, Seillänge 80–120 cm
- Seilchen 80 cm oder Hilfsgarn zum Stilllegen der Maschen
- Maschenmarkierer
- Wollnadel
- Häkelnadel 4 mm

### FERTIGMASSE

S/M/L/XL

A: 51/54/57/60 cm

B: 49/52/55/58 cm

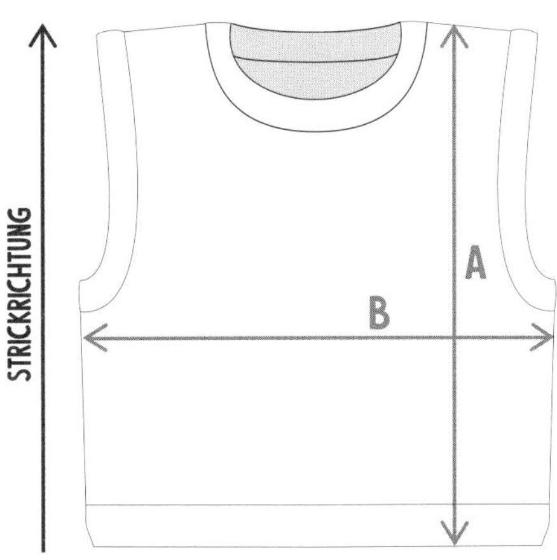


JOSHA

## MASCHENPROBE

Frb B – Nadelstärke 4 mm glatt rechts

10 x 10 cm = 16 M x 29 R

## RANDMASCHEN

Die 1. M wird stets abgenommen, die letzte M wird stets li gestrickt.

## GRUNDMUSTER GLATT RECHTS IN REIHEN

RM, alle M re stricken, RM.

## GRUNDMUSTER GLATT RECHTS IN RUNDEN

Alle M re stricken.

## GRUNDMUSTER RIPPE 1 X 1 IN RUNDEN

Abwechselnd 1 M re, 1 M li stricken.

# ANLEITUNG

## BÜNDCHEN

Mit Frb A 172/184/196/208 M anschl, zur Rd schl, MM für Rd-Anfg ansetzen und 12 Rd Rippe 1 x 1 stricken.

## KÖRPER

Zu Frb B wechseln und ab MM folgendes Muster stricken:

20/21/22/23 re M, 1 li M,
30/32/34/36 re M, 1 li M,
14/15/16/17 re M, 1 li M,
39/42/45/48 re M, 1 li M,
30/32/34/36 re M, 1 li M,
14/15/16/17 re M, 1 li M,
19/21/23/25 re M.

**Farbwechsel:**
Insgesamt 10/11/12/13 cm in Frb B, 2 R in Frb E, 6,5/7/7,5/8 cm in Frb C.

M nach MM wie folgt arbeiten:

In Hin-R 5 M abketten für Armausschnitt, 81/87/93/99 M für VT stilllegen, 5 M abketten für Armausschnitt, 81/87/93/99 M für RT nM stricken.

## RT

RT in R in Frb C arbeiten.

**1. Hin-R:** RM, 2 M zusstricken, weiter nM stricken bis 3 M vor R-Ende, 2 M zusstricken, RM.

**2. Rück-R:** nM stricken.

Insgesamt 5x Hin- und Rück-R wdh.

Weiter 23/24/25/26 cm glatt rechts in R stricken.

**Farbwechsel:**
Insgesamt 9/10/11/12 cm in Frb C, 2 R in Frb E, 11/11,5/12/12,5 cm in Frb D, 2 R in Frb E, 7/7,5/8/8,5 cm in Frb B stricken.

## RT HALSAUSSCHNITT

**Linke Seite:** 24/27/30/33 M nM stricken und stilllegen, 23 M abketten, 24/27/30/33 M nM stricken. Rück-R nM stricken.

**1. Hin-R:** RM, 2 M zusstricken, weiter nM bis R-Ende, RM.

**2.Rück-R:** nM stricken.

Insgesamt 2x Hin- und Rück-R wdh. M abketten.

**Rechte Seite:** 24/27/30/33 M wieder aufnehmen. Rück-R nM stricken.

**1. Hin-R:** RM, nM stricken bis 3 M vor R-Ende, 2 M zusstricken, RM.

**2. Rück-R:** nM stricken.

Insgesamt 2x Hin- und Rück-R wdh. Mit Rück-R enden und M abketten.

## VT

81/87/93/99 M für VT wieder aufnehmen und Rück-R glatt rechts in R stricken.

**1. Hin-R:** RM, 2 M zusstricken, weiter nM stricken bis 3 M vor R-Ende, 2 M zusstricken, RM.

**2. Rück-R:** nM stricken.

Insgesamt 5x Hin- und Rück-R wdh.

Weiter 23/24/25/26 cm glatt rechts in R stricken.

**Farbwechsel:**

Insgesamt 9/10/11/12 cm in Frb C, 2 R in Frb E, 11/11,5/12/12,5 cm in Frb D, 2 R in Frb E, 5/5,5/6/6,5 cm in Frb B stricken.

## VT HALSAUSSCHNITT

**Rechte Seite:** 24/27/30/33 M nM stricken und stilllegen, 23 M abketten, 24/27/30/33 M nM stricken. Rück-R nM stricken.

**1. Hin-R:** RM, 2 M zusstricken, weiter nM bis R-Ende, RM.

**2.Rück-R:** nM stricken.

Insgesamt 2x Hin- und Rück-R wdh. Weiter 4 R nM stricken. M abketten.

**Linke Seite:** 24/27/30/33 M wieder aufnehmen. Rück-R nM stricken.

**1. Hin-R:** RM, nM stricken bis 3 M vor R-Ende, 2 M zusstricken, RM.

**2. Rück-R:** nM stricken.

Insgesamt 2x Hin- und Rück-R wdh. Mit Rück-R enden. Weiter 4 R nM stricken und M abketten.

## SCHULTERNÄHTE

Schulterpartien links auf links aufeinanderlegen und die Nähte mit dem Matratzenstich schließen.

## ARMAUSSCHNITT

Mit Frb A entlang der Armausschnittkante aus der 1. M zur RM 154/158/162/166 M aufnehmen. Maschenanzahl muss durch 2 teilbar sein.

Weiter 6 Rd Rippe 1 x 1 stricken. M ital abketten.

Den zweiten Armausschnitt genauso arbeiten.

## BÜNDCHEN AM HALSAUSSCHNITT

Mit Frb A entlang der Halsausschnittkante aus dem QF zur RM 92 M aufnehmen. Maschenanzahl muss durch 2 teilbar sein.

Weiter 8 Rd Rippe 1 x 1 stricken. M ital abketten.

**Senkrechte Linien häkeln:**

Mit Frb E und 4-mm-Häkelnadel entlang der li M Luftmaschenketten hochhäkeln, dabei in jede zweite M einstechen.

## FERTIGSTELLUNG

Fäden einweben, den Pullunder in der Handwäsche waschen und liegend trocknen lassen, den Körper und die Bündchen in Form streichen.

### TIPP:

***Wer es weniger bunt mag, kann die unterschiedlichen Farbpartien durch Garne in der gleichen Farbe und unterschiedlichen Haptiken und Optiken ersetzen. So ergibt sich ein wunderschönes monochromes Bild.***

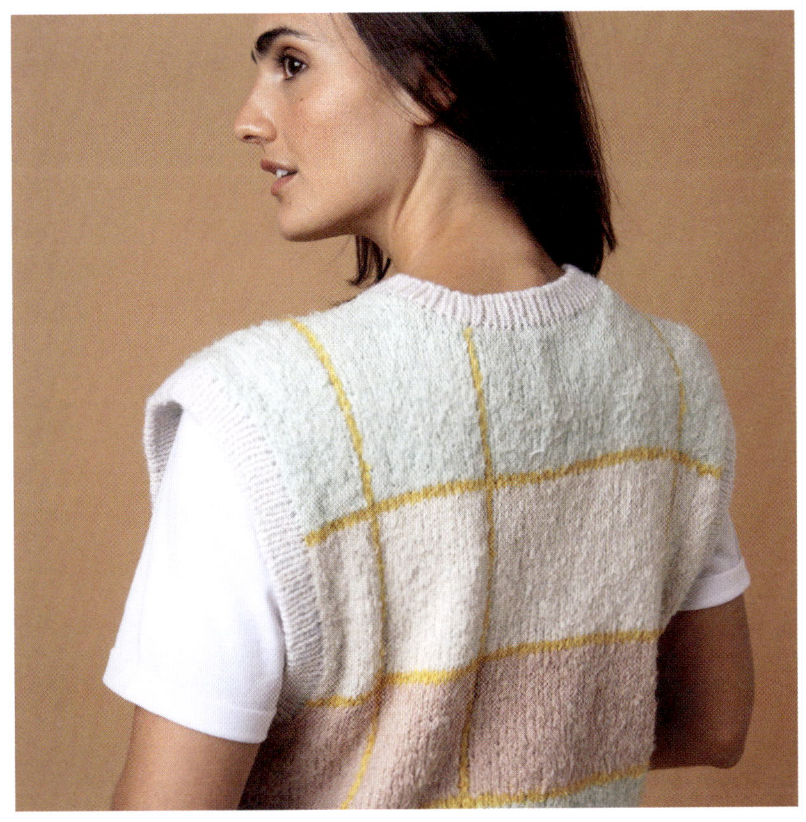

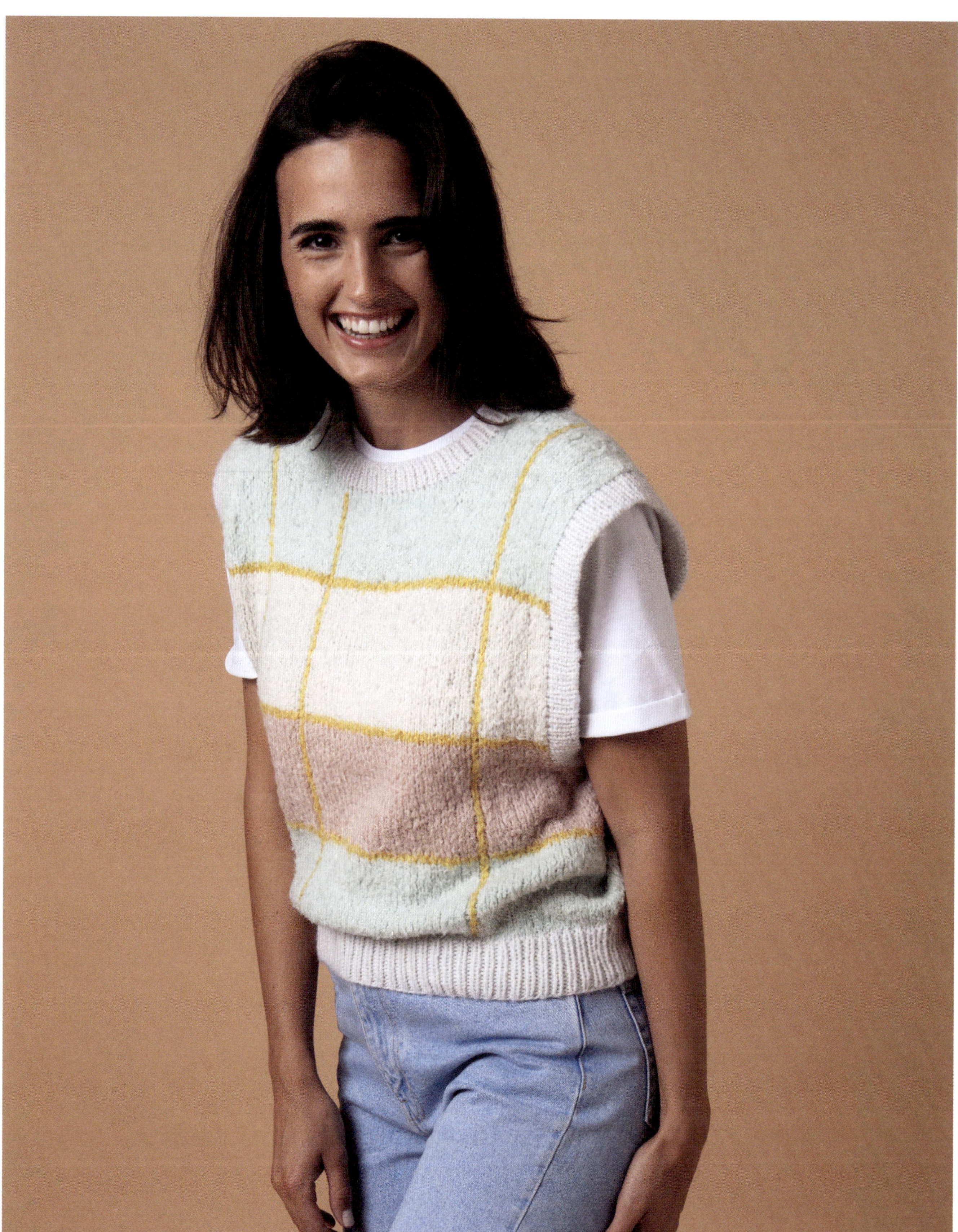

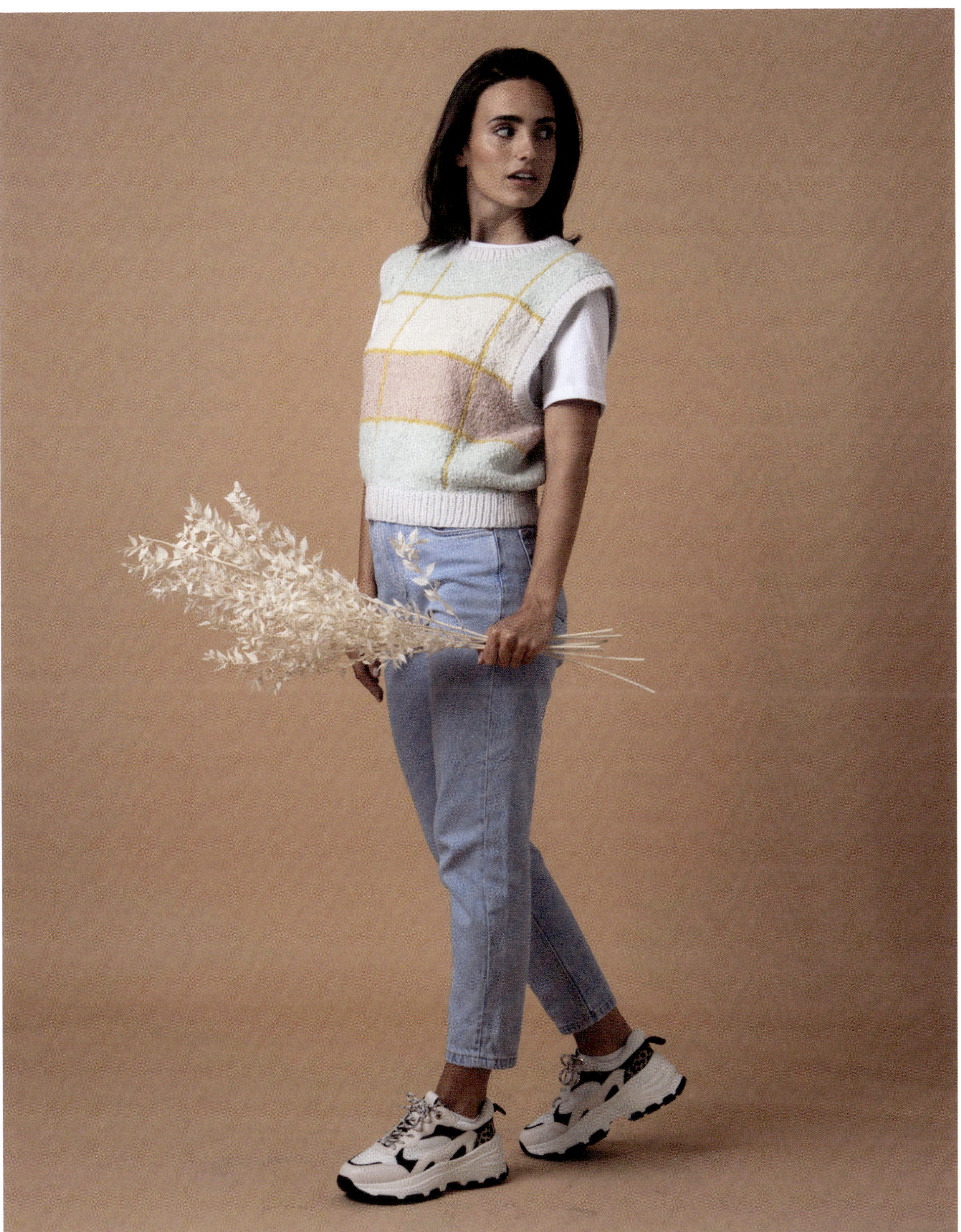

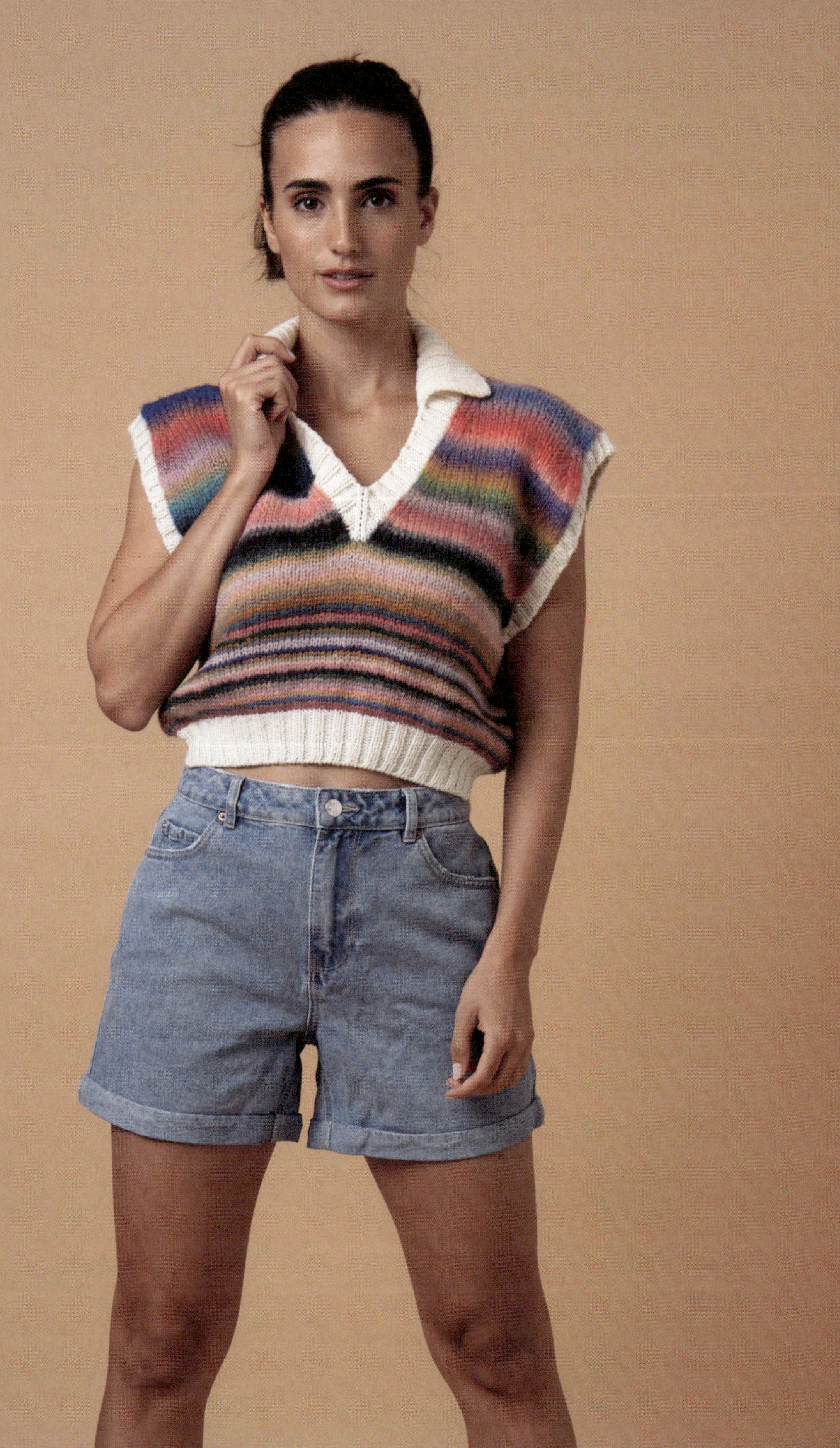

# HELNEZ

### SCHWIERIGKEITSGRAD:

⊗⊗ Nehmt euch ein bisschen Zeit und dazu einen guten Tee!

**PULLUNDER MIT BREITEN SCHULTERN UND KRAGEN** – *Sie sind wieder da, die breiten Schultern kombiniert mit selbstbewussten Farben. Dieser weite Pullunder aus grobem Garn mit frechem Farbverlauf, gestrickt auf dicken 6-mm-Nadeln , wird eingefasst durch das feine Bündchen in Cremeweiß aus feiner Merinowolle. Das aufregende Detail dieses coolen Strickteils ist der angestrickte Kragen in Rippe 2 x 2, der dem Pullunder den hippen Retrostil verleiht.*

### STRICKWEISE

Die Bündchen von Vorder- und Rückteil werden erst einzeln gestrickt und dann zur Runde geschlossen. Der Körper in Farbe A entsteht in Runden glatt rechts. Ab Armausschnitt werden Vorder- und Rückteil einzeln in Reihen gearbeitet und die Schulternähte anschließend geschlossen, die Armausschnittbündchen in Farbe B angestrickt und italienisch abgekettet. Das Bündchen am Halsausschnitt wird in Rippe 2 x 2 angestrickt, an der vorderen Mitte nach oben hin italienisch abgekettet. Der Kragen wird aus den offenen Maschen heraus gearbeitet.

### MATERIAL UND WERKZEUG

- Farbe A: 90/110/130/150 g Cloud, Farbverlauf Nr. 02, Lang Yarns, LL 260 m pro 100 g
- Farbe B: 110/120/130/140 g Merino 120, Offwhite Nr. 02, Lang Yarns, LL 120 m pro 50 g
- Rundstricknadeln 3,5 mm und 6 mm, Seillänge 80–120 cm
- Hilfsseil 80cm oder Hilfsgarn zum Stilllegen der Maschen
- Maschenmarkierer
- Wollnadel

### FERTIGMASSE

S/M/L/XL

A: 44/48/52/56 cm

B: 47/51/55/59 cm

C: 49/55/61/65 cm

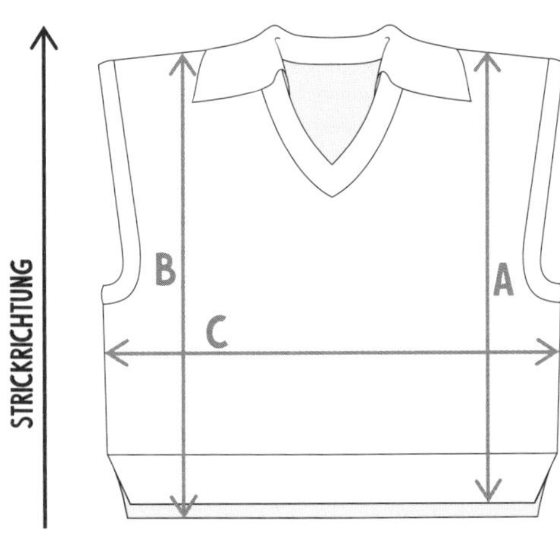

## MASCHENPROBE

Frb A – Nadelstärke 6 mm glatt rechts

10 x 10 cm = 15,5 M x 22 R

## RANDMASCHEN

Die 1. M wird stets abgenommen, die letzte M wird stets li gestrickt.

## GRUNDMUSTER GLATT RECHTS IN REIHEN

RM, alle M re stricken, RM.

## GRUNDMUSTER GLATT RECHTS IN RUNDEN

Alle M re stricken.

## GRUNDMUSTER RIPPE 2 X 2 IN RUNDEN

Abwechselnd 2 M re, 2 M li stricken.

## GRUNDMUSTER RIPPE 2 X 2 IN REIHEN

**Hin-R:** RM, abwechselnd 2 M re, 2 M li stricken bis R-Ende, RM.

**Rück-R:** RM, M stricken, wie sie erscheinen, RM.

# ANLEITUNG

## BÜNDCHEN

Mit Frb B für RT 88/92/96/100 M auf 3,5-mm-Nadeln ital anschl. Rippe 2 x 2 in R ca. 5 cm stricken.

Für VT 84/88/92/96 M auf 3,5-mm-Nadeln ital anschl. Rippe 2 x 2 in R ca. 2 cm stricken.

M für VT und RT zur Rd schließen, dabei das Rippenmuster 2 x 2 beachten. MM am Rd-Anfg setzen. Weiter Rippe 2 x 2 in Rd ca. 3 cm stricken.

## KÖRPER

Zu 6-mm-Nadeln und Frb A wechseln. Weiter glatt rechts in Rd ca. 11/13/15/17 cm stricken.

M nach MM wie folgt aufteilen:

5 M für rechten Armausschnitt, 82/86/90/94 M für RT, 80/84/88/92 M für VT, 5 M für linken Armausschnitt.
Die Partien mit MM abtrennen.

M für VT stricken und stilllegen, M für Armausschnitte abketten.

## RT

RT in R arbeiten.

**1. Hin-R:** RM, 2 re M, 2 M li gen zusstricken, re M stricken bis 5 M vor R-Ende, 2 M re gen zusstricken, 2 re M, RM.

**2. Rück-R:** nM stricken.

Insgesamt 4x Hin- und Rück-R wdh.

Weiter 23/24/25/26 cm glatt rechts in R stricken.

## RT HALSAUSSCHNITT

**Linke Seite:** 24/26/28/30 M nM stricken und stilllegen, 26 M nM stricken und abketten, 24/26/28/30 M nM stricken. Rück-R nM stricken.

**1. Hin-R:** RM, 2 re M, 2 M li gen zusstricken, re M bis R-Ende, RM.

**2.Rück-R:** nM stricken.

Insgesamt 2x Hin- und Rück-R wdh. M stilllegen.

**Rechte Seite:** 24/26/28/30 Anfangs-M wieder aufnehmen. Rück-R nM stricken.

**1. Hin-R:** RM, re M stricken bis 5 M vor R-Ende, 2 M re gen zusstricken, 2 re M, RM.

**2. Hin-R:** nM stricken.

Insgesamt 2x Hin- und Rück-R wdh. Mit Rück-R enden und die M stilllegen.

## VT

VT in R arbeiten.

80/84/88/92 M für VT wieder aufnehmen und Rück-R glatt rechts stricken.

**1. Hin-R:** RM, 2 re M, 2 M li gen zusstricken, nM stricken bis 5 M vor R-Ende, 2 M re gen zusstricken, 2 re M, RM.

**2. Rück-R:** nM stricken.

Insgesamt 6x Hin- und Rück-R wdh.

Weiter 3/4/5/6 cm nM stricken.

## VT HALSAUSSCHNITT

M aufteilen in je 34/36/38/40 M. M auf der linken Seite stilllegen.

**Rechte Seite:**

**1.Hin-R:** RM, 2 re M, 2 M li gen zusstricken, nM bis R-Ende, RM.

**2.–4. R:** nM stricken.

Insgesamt 12x die 1.–4. R wdh. Weiter 4 R nM stricken und M stilllegen.

**Linke Seite:**

M wieder aufnehmen.

**1. Hin-R:** RM, re M stricken bis 5 M vor R-Ende, 2 M re gen zusstricken, 2 re M, RM.

**2.–4. R:** nM stricken.

Insgesamt 12x die 1.–4. R wdh. Weiter 4 R nM stricken und M stilllegen.

Schulterpartien links auf links aufeinanderlegen und die Nähte mit dem Maschenstich schließen.

## ARMAUSSCHNITT BÜNDCHEN

Zu 3,5-mm-Nadeln und Frb B wechseln. Entlang der Armausschnittkante aus der 1. M nach RM 144/148/152/156 M aufnehmen. Maschenanzahl muss durch 4 teilbar sein.

MM am R-Anfg setzen. 2,5–3 cm Rippe 2 x 2 stricken. M ital abketten.

Den zweiten Armausschnitt genauso arbeiten.

## HALSAUSSCHNITT BÜNDCHEN

Mit 3,5-mm-Nadeln und Frb B entlang der Halsausschnittkante aus der 1. re M nach RM 156 M aufnehmen. Maschenanzahl muss durch 4 teilbar sein.

1 R Rippe 2 x 2 stricken. Beachte, dass an VM eine Rippe aus 2 re M sein muss.

Weiter in jeder R an zentraler Rippe M abnehmen:

2 M re gen zusstricken und 2 M li gen zusstricken. Weiter nM in Rd stricken.

Insgesamt M-Abnahme 8x wdh. Von VM aus nach beiden Seiten je 27 M ital abketten.

## KRAGEN

6 R in Rippe 2 x 2 in R stricken. Weiter M zun:

**1.Hin-R:** RM, 2 re M, 1 M li gen aus QF zun, weiter nM stricken bis 3 M vor R-Ende. 1 M re gen aus QF zun, 2 re M, RM.

**2. Hin-R:** Alle M stricken, wie sie erscheinen. U stricken mit Beachtung des Musters am Kragen.

Insgesamt 8x Hin-und Rück-R wdh. Weiter 4 R nM streicken. M ital abketten.

## FERTIGSTELLUNG

Fäden einweben, den Pullunder in der Handwäsche waschen und liegend trocknen lassen, den Körper, die Bündchen und den Kragen in Form streichen.

### TIPP:

***Bei einem kräftigen Farbverlauf und einigen Garnqualitäten kann die Farbe in der Wäsche ausbluten. Damit das helle Bündchen auch weiß bleibt, stellt erst den Körper fertig und wascht ihn per Hand ohne Waschmittel. Drückt die Strickarbeit vorsichtig aus und lasst sie liegend trocknen. Strickt dann die Bündchen samt Kragen an.***

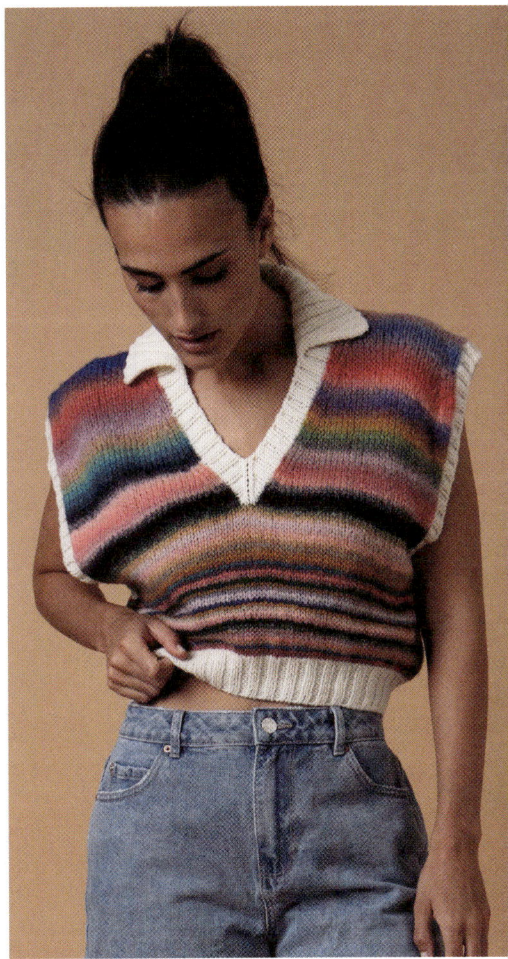

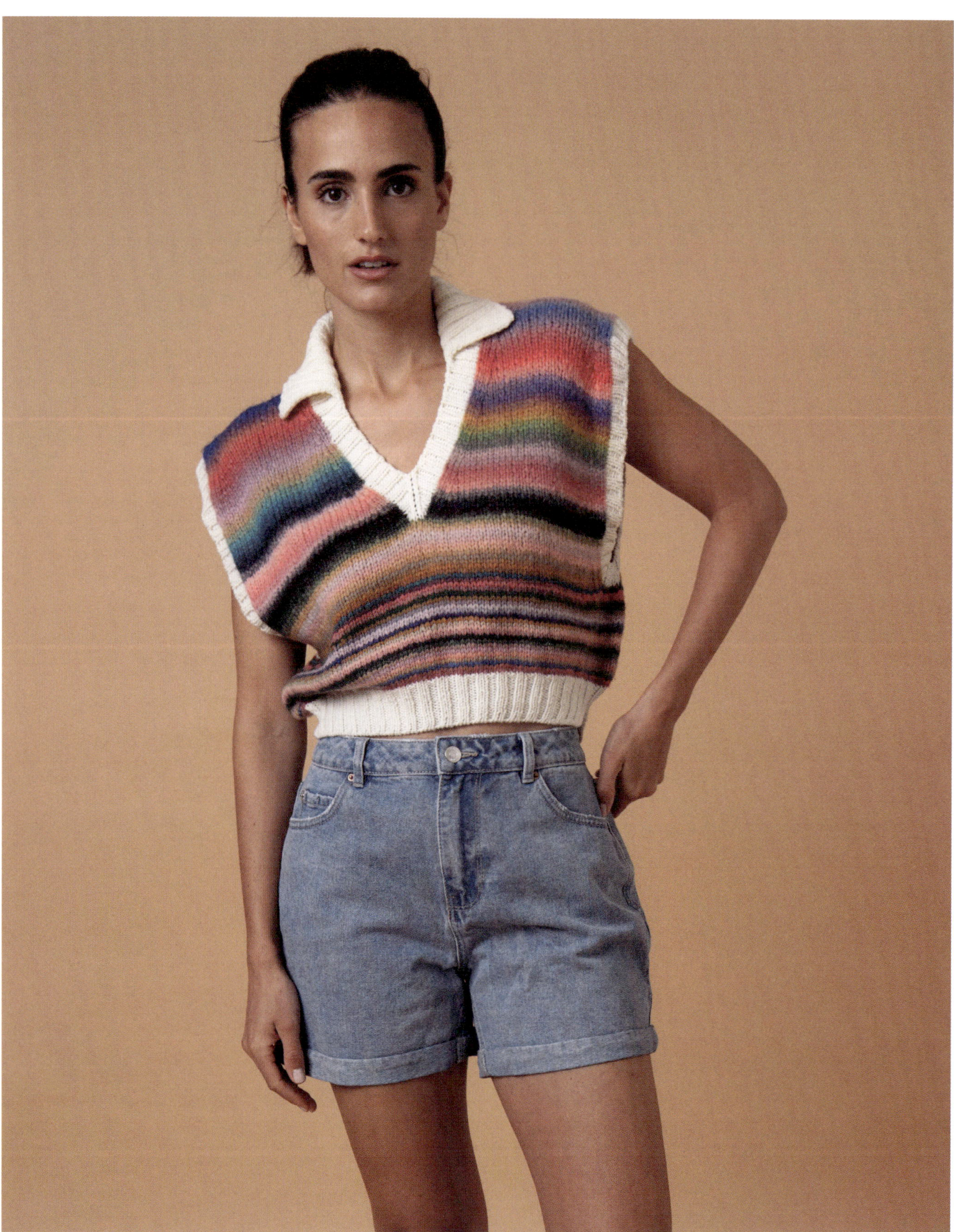

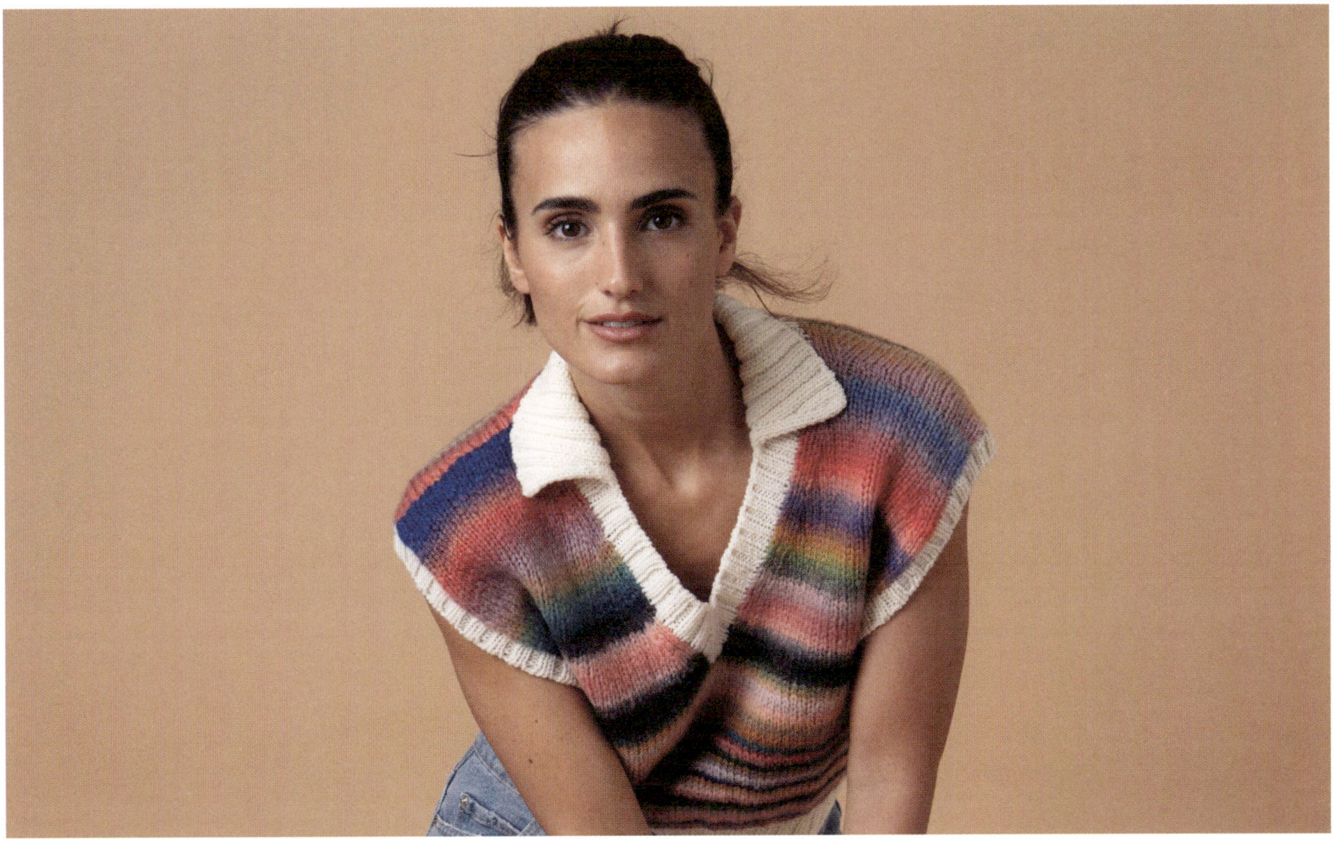

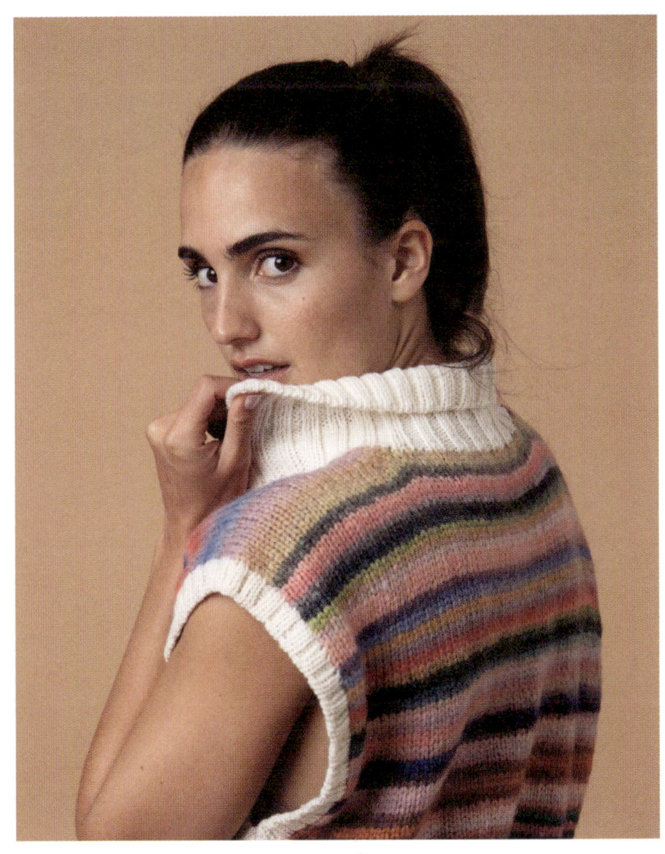

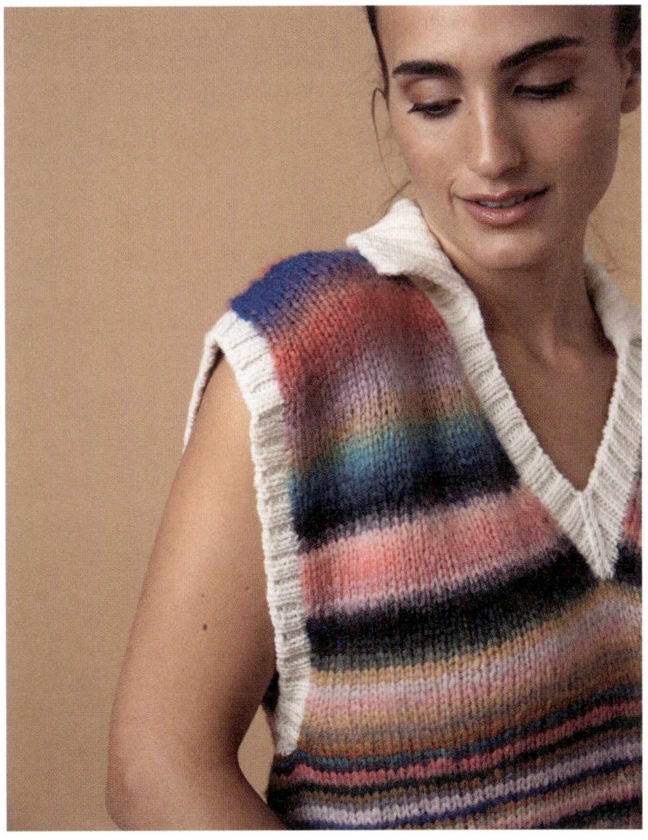

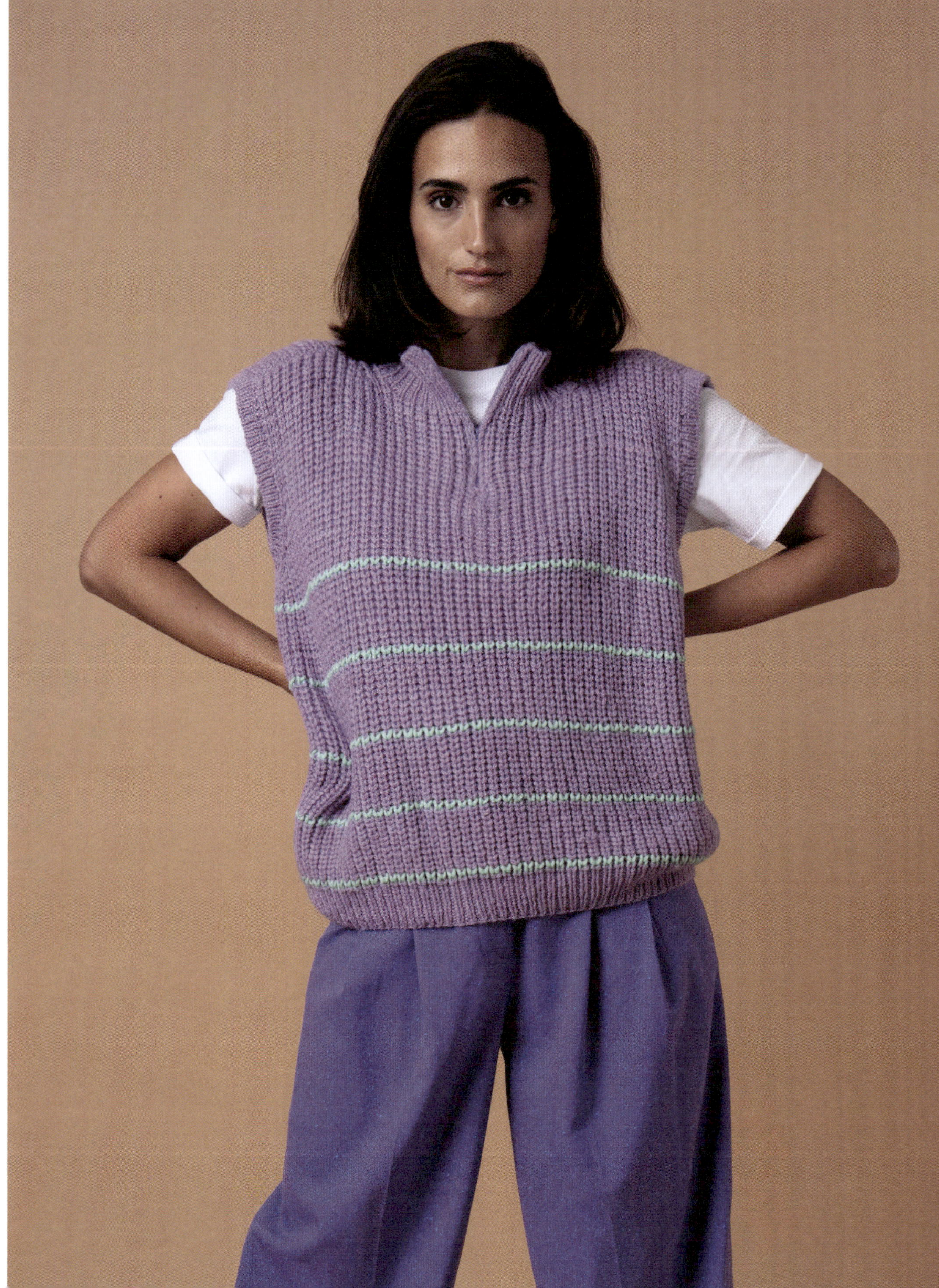

# HATTIE

## SCHWIERIGKEITSGRAD:

⊗⊗ Nehmt euch ein bisschen Zeit und dazu einen guten Tee!

**PULLUNDER MIT REISSVERSCHLUSS** – ***In klassischem Schwarz-Weiß wurde diese Art von Pullunder in den letzten Jahren zu einem Must-have in unseren Kleiderschränken. Praktisch, stylisch und dezent! Jetzt ist die Zeit gekommen, diesen Pullunder erstens mit Liebe selbst zu stricken und zweitens neue Farben auszuprobieren. Die Mischung aus leuchtendem Lila wird durch die grünen Streifen noch mehr aufgepeppt. Der voluminöse Patentstrick wärmt auch bei tiefen Temperaturen.***

## STRICKWEISE

Der Pullunder wird erst in Runden als Vorder- und Rückteil im Halbpatent aus Frb A und B gefertigt. Dann werden Rück- und Vorderteil einzeln in Reihen weitergestrickt. Anschließend werden die Schulternähte geschlossen und der Kragen sowie die Bündchen am Armausschnitt in Rippe 1 x 1 angestrickt. Der Reißverschluss wird eingenäht und mit einer Strickblende verdeckt.

## MATERIAL UND WERKZEUG

- Farbe A: 310/330/360/390 g Cool Merino, Lana Grossa, Lila Nr. 17, LL 150 m pro 50 g
- Farbe B: 20/30/40/50 g Bingo, Lana Grossa, Hellgrün Nr. 757, LL 80 m pro 50 g
- Farbe C: 4 g Ecopuno, Lana Grossa, Lavendel Nr. 84, LL 215 m pro 50 g

- Stricknadeln 2,5 mm
- Rundstricknadeln 4,5 mm und 5 mm, Seillänge 80–120 cm
- 3 Hilfsseile zum Stilllegen, ca. 40 cm
- Maschenmarkierer
- Wollnadel
- Reißverschluss, 20 cm in passender Farbe
- Nähnadel und farblich passendes Garn

## FERTIGMASSE

S/M/L/XL

A: 59/62/65/68 cm

B: 55/59/63/67 cm

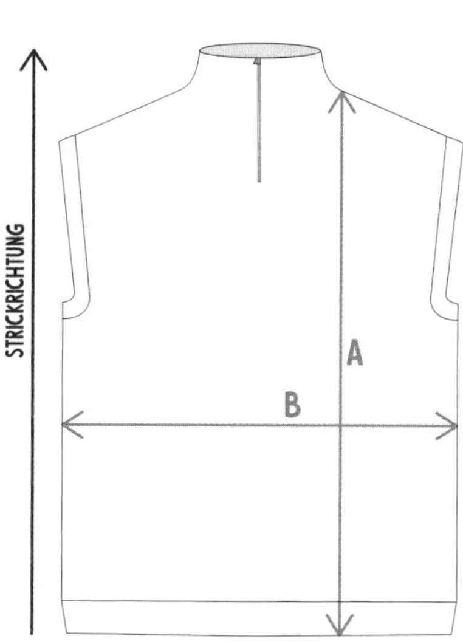

## MASCHENPROBE

Frb A – Nadelstärke 5 mm in Halbpatent

10 x 10 cm = 20 M x 34 R

## RANDMASCHEN

1. M wird stets abgenommen, letzte M wird stets li gestrickt.

## GRUNDMUSTER HALB-PATENT IN REIHEN

Dieses Muster besteht aus 2 R:

In der Basis-R RM, weiter abwechselnd 1 re M, 1 li M, RM stricken.

**1. Hin-R:** RM, die re M re stricken, die li M mit Umschlag abheben.

**2. Rück-R:** RM, li M li stricken, re M mit U re stricken, RM.

Abwechselnd Hin- und Rück-R stricken.

## GRUNDMUSTER HALB-PATENT IN RUNDEN

In der Basis-R abwechselnd 1 re M, 1 li M stricken.

**1. Rd:** Die re M re stricken, die li M mit U abheben.

**2. Rd:** Die li M mit U li stricken, die re M re stricken

Abwechselnd die 1. und 2. Rd stricken.

## GRUNDMUSTER RIPPE 1 X 1 IN REIHEN

**Hin-R:** RM, abwechselnd 1 M re, 1 M li stricken bis R-Ende, RM.

**Rück-R:** RM, M stricken, wie sie erscheinen, RM.

## GRUNDMUSTER RIPPE 1 X 1 IN RUNDEN

Abwechselnd 1 M re, 1 M li stricken.

# ANLEITUNG

### BÜNDCHEN

Mit Frb A und 4,5-mm-Nadeln 206/222/238/254 M anschl, zur Rd schl, MM für Rd-Anfg setzen und 15 Rd Rippe 1 x 1 stricken.

### KÖRPER

Zu 5-mm-Nadeln wechseln und HP in Rd stricken.

Dabei die folgende Frb-Aufteilung beachten: 2 Rd Frb B, 22/24/26/28 Rd in Frb A, insgesamt 4x wdh, weiter 2 Rd Frb B, 12 Rd Frb A.

M nach MM wie folgt aufteilen:

103/111/119/127 M, beginnend mit li M, für VT stilllegen. 103/111/119/127 M für RT weiterstricken.

### RT UND ARMAUSSCHNITT

RT in R arbeiten.

**1. Hin-R:** RM, 2 M nM, 3 M li gen zusstricken, weiter nM bis 6 M vor R-Ende, 3 M re gen zusstricken, 2 M nM, RM.

**Rück-R:** nM stricken.

2 R nM stricken.

1.-4. R insgesamt 4x wdh, weiter 22/23/24/25 cm nM stricken.

### RT HALSAUSSCHNITT

**Linke Seite:** 30/34/38/42 M nM stricken und stilllegen, 27 M nM stricken und stilllegen, 30/34/38/42 M nM stricken. Rück-R nM stricken.

**1. Hin-R:** RM, 2 M nM, 3 M li gen zusstricken, weiter nM stricken bis R-Ende, RM.

**2. Rück-R:** nM stricken.

Insgesamt 2x Hin- und Rück-R wdh. M abketten.

**Rechte Seite:** 30/34/38/42 M wieder aufnehmen.

**Rück-R:** nM stricken.

**1. Hin-R:** RM, nM stricken bis 6 M vor R-Ende, 3 M re gen zusstricken, 2 M nM, RM.

Insgesamt 2x Hin- und Rück-R wdh. Mit Rück-R enden und die M abketten.

### VT

VT in R arbeiten.

103/111/119/127 M wieder aufnehmen und Rück-R nM stricken.

**1. Hin-R:** RM, 2 M nM, 3 M li gen zusstricken, weiter nM bis 6 M vor R-Ende, 3 M re gen zusstricken, 2 M nM, RM.

**2. Rück-R:** nM stricken.

M 3–4 R nM stricken.

1.–4. R insgesamt 4x wdh, weiter 8/9/10/11 cm nM stricken.

### VT HALSAUSSCHNITT

Weiter in Hin-R 43/47/51/55 M nM stricken und stilllegen. 1 M abketten, 43/47/51/55 M nM stricken. Rück-R nM stricken. Weiter 9 cm nM stricken.

**Rechte Seite:** In Hin-R 14 M stilllegen.

**1. Hin-R:** RM, 2 M nM stricken, 3 M li gen zusstricken, weiter nM stricken bis R-Ende, RM.

**2.Rück-R:** nM stricken.

2 R nM stricken.

1.–4. R insgesamt 2x wdh. Weiter 8 R nM stricken, M abketten.

**Linke Seite:** 43/47/51/55 M wiederaufnehmen.

Weiter 9 cm nM stricken. Bei Hin-R enden. In der Rück-R 14 M stilllegen, weiter nM stricken.

**1. Hin-R:** RM, nM stricken bis 6 M vor R-Ende, 3 M re gen zusstricken, 2 M nM, RM.

**2. Rück-R:** nM stricken.

3-4 R nM stricken.

1.–4. R insgesamt 2x wdh. Weiter 8 R nM stricken, M abketten.

## SCHULTERNÄHTE

Schulterpartien links auf links aufeinanderlegen und die Nähte mit dem Matratzenstich schließen.

## KRAGEN

Stillgelegte M am VT mit 4-mm-Nadeln und Frb A aufnehmen, weiter M aus dem QF zur RM aufnehmen, stillgelegte M aus RT und M aus QF zur RM aufnehmen und stillgelegte M aus VT aufnehmen. Insgesamt 105 M aufnehmen. Mit Beachtung des Rippenmusters an VT und RT Rippe 1 x 1 etwa 7 cm hoch stricken. M ital abketten.

## BÜNDCHEN AM ARMAUSSCHNITT

Mit 4,5-mm-Nadeln aus dem QF zur RM 138/142/146/150 M aufnehmen. Die Maschenanzahl muss durch 2 teilbar sein.

Weiter 6 Rd Rippe 1 x 1 stricken. M italienisch abketten.

Den zweiten Armausschnitt genauso arbeiten.

## REISSVERSCHLUSS UND BLENDEN

Reißverschluss rechts auf links auf der linken Seite des VT platzieren und mit Nähgarn und groben Handstichen fixieren.

Für die Blende auf 2,5-mm-Nadeln und mit Frb C 8 M anschl und glatt rechts etwa 22 cm hoch stricken. M abketten. Die zweite Blende genauso stricken.

Die beiden Blenden über dem Reißverschluss links auf links platzieren, sodass die Blenden die Reißverschlussseiten verdecken. Blenden rundherum mit kleinen Handstichen annähen.

## FERTIGSTELLUNG

Fäden einweben, den Pullunder in der Handwäsche waschen und liegend trocknen lassen, den Körper, die Bündchen und den Kragen in Form streichen.

### TIPP:

***Ihr könnt beim Vorderteil die Teilung für den Reißverschluss auch weglassen und das Teil als Ganzes arbeiten, anschließend könnt ihr ein rundes Bündchen anstricken und italienisch abketten.***

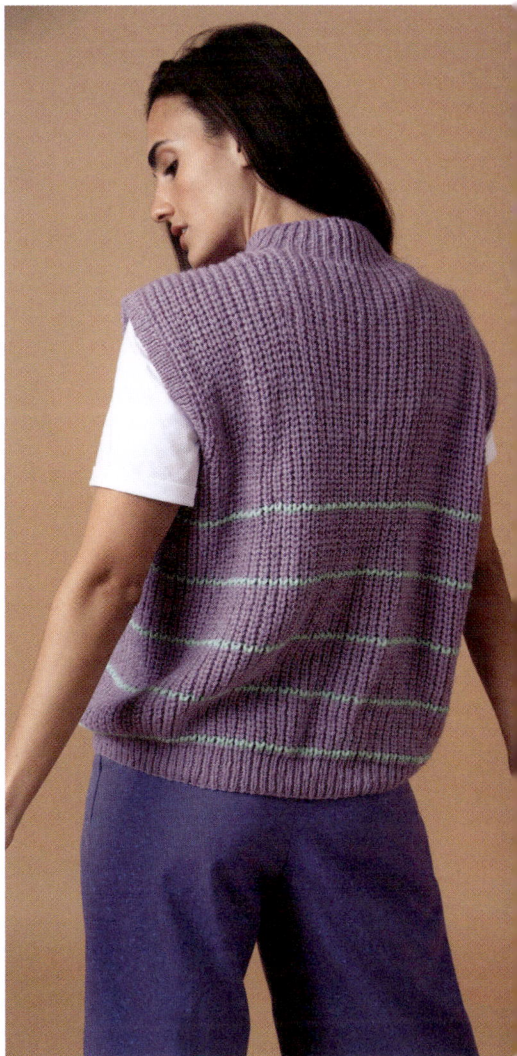

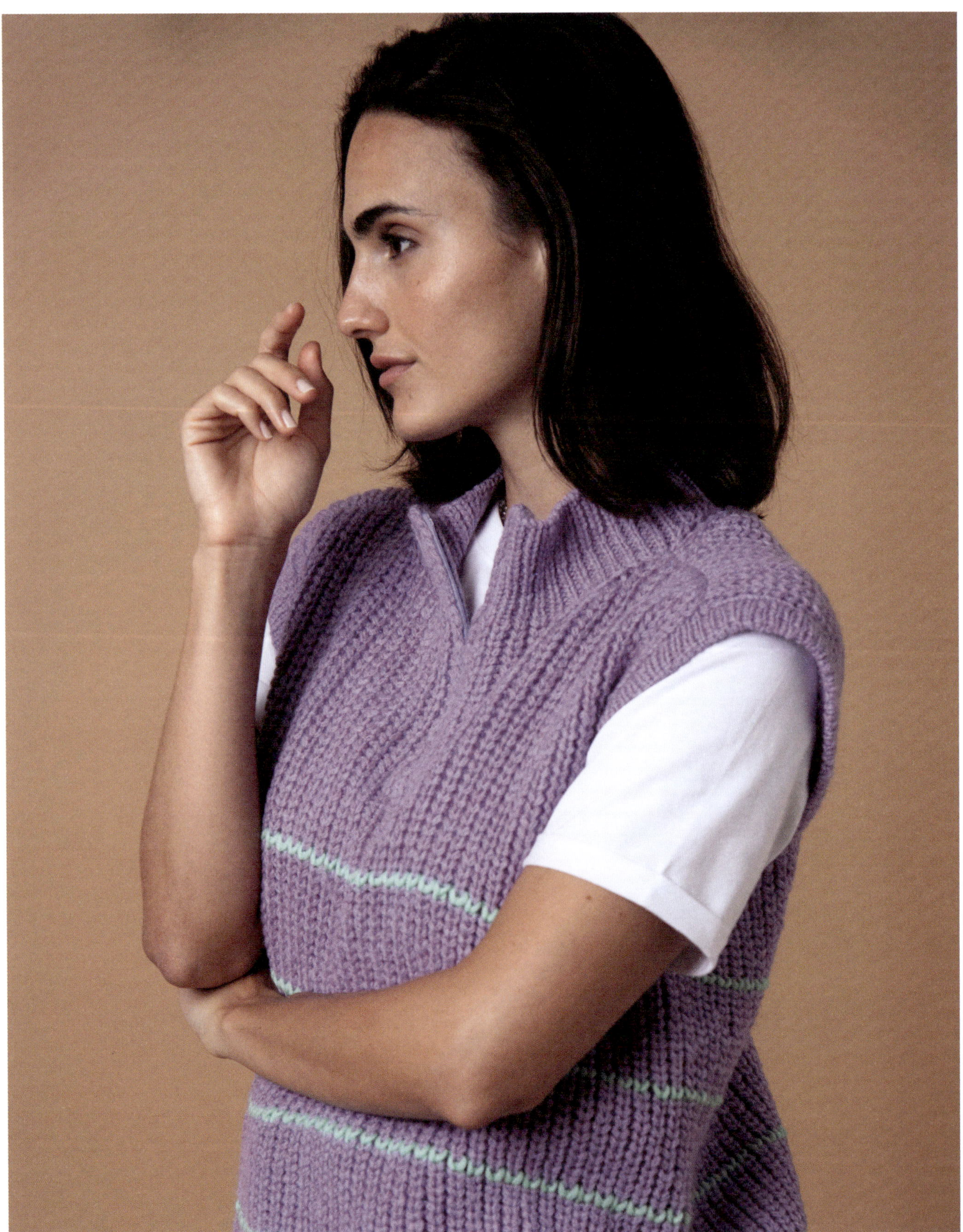

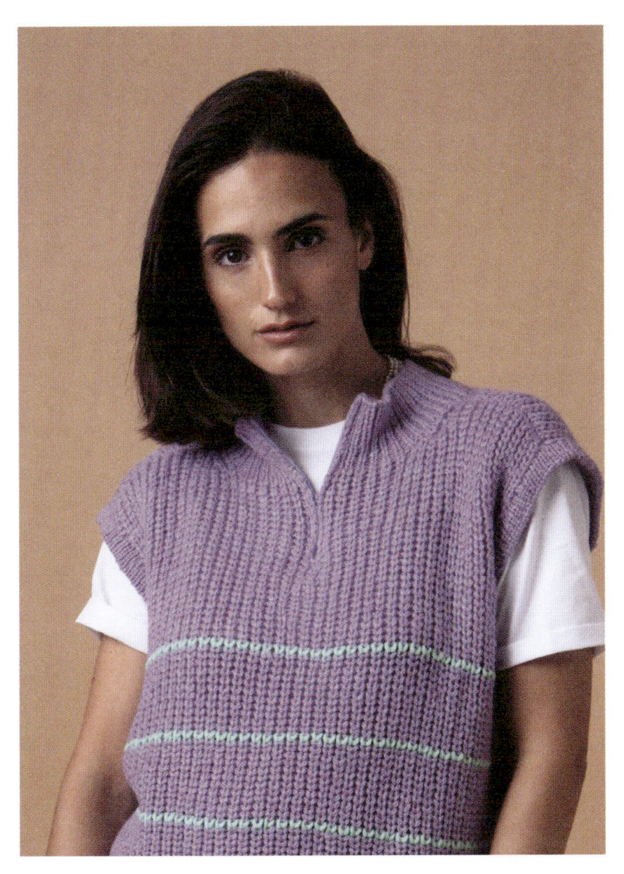

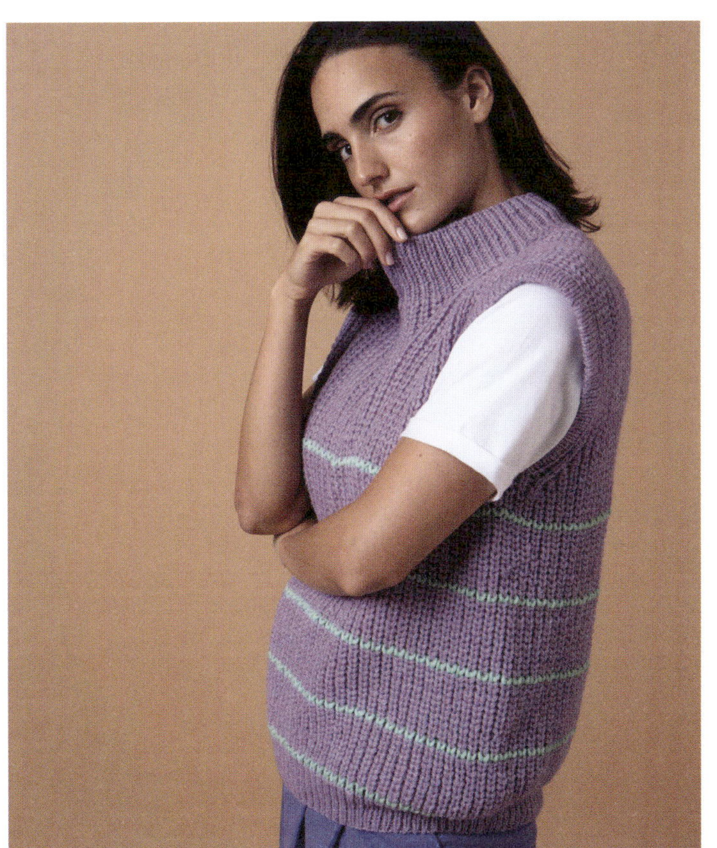

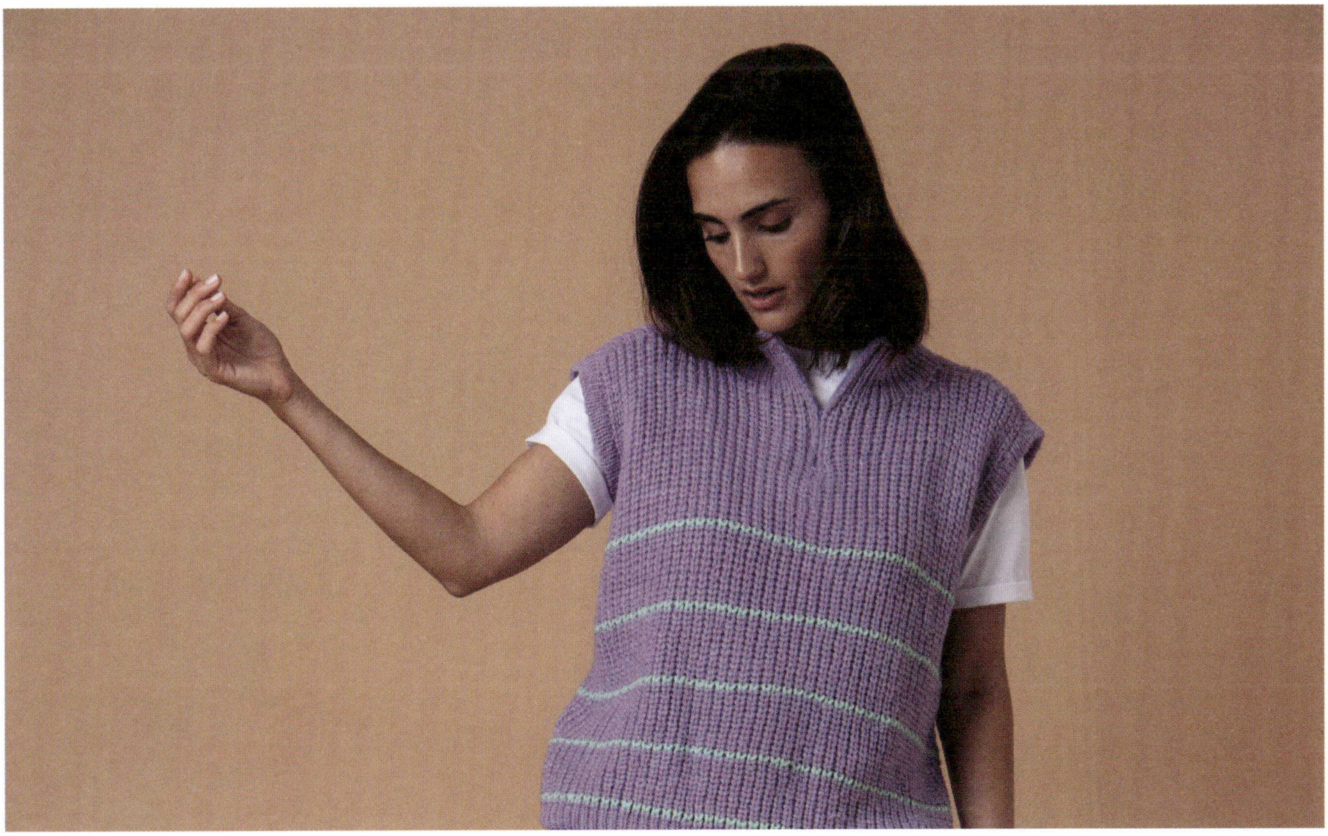

# FÜR AMBITIONIERTE

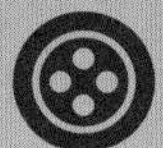 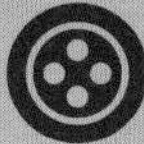 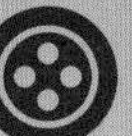

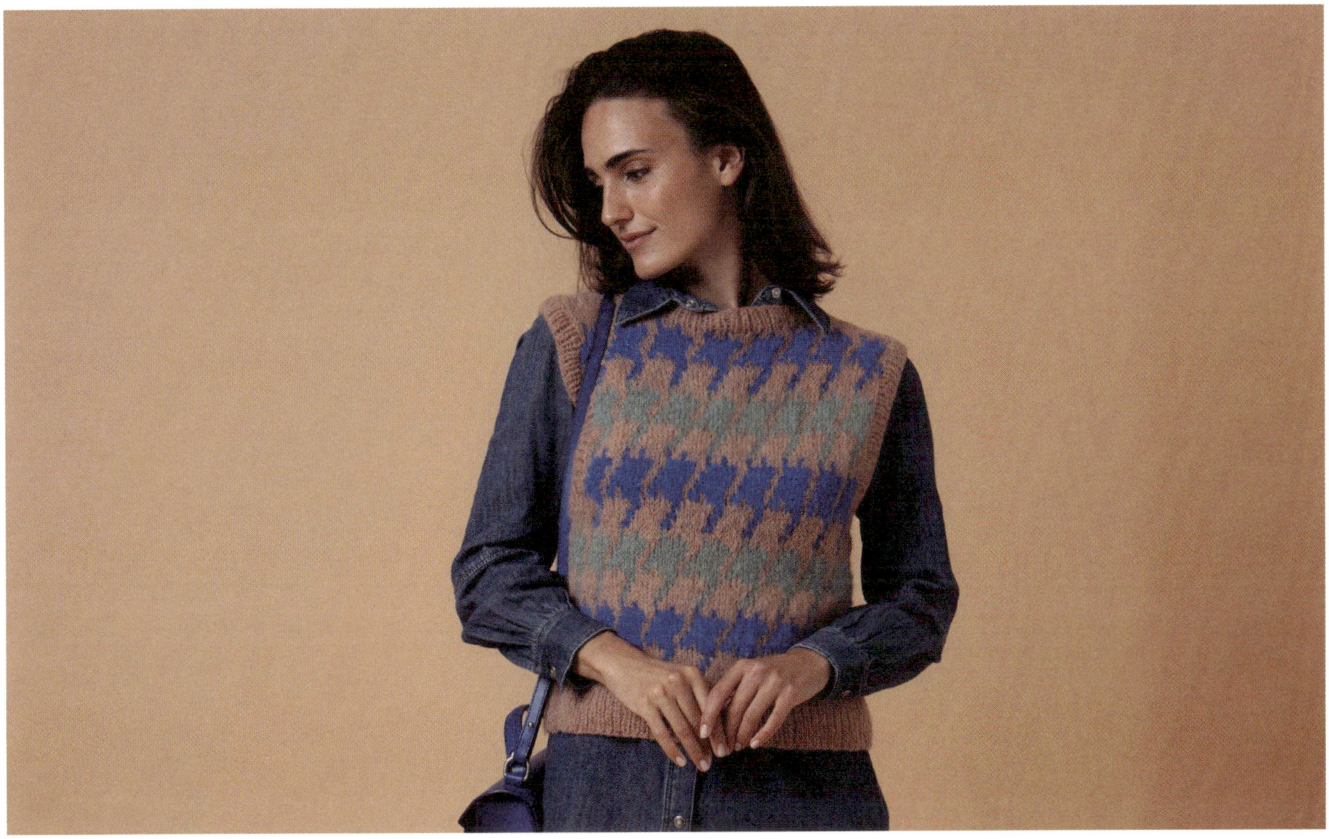

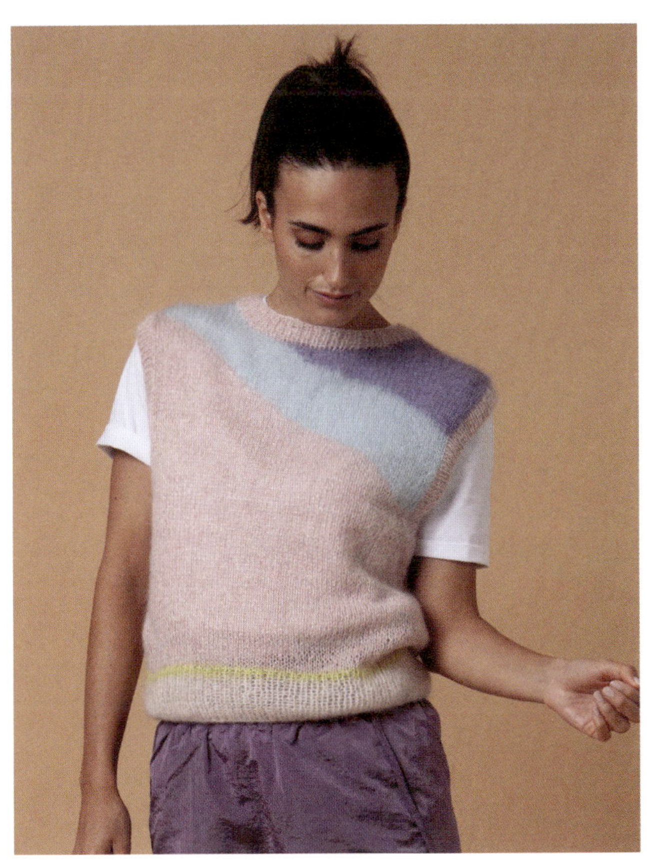

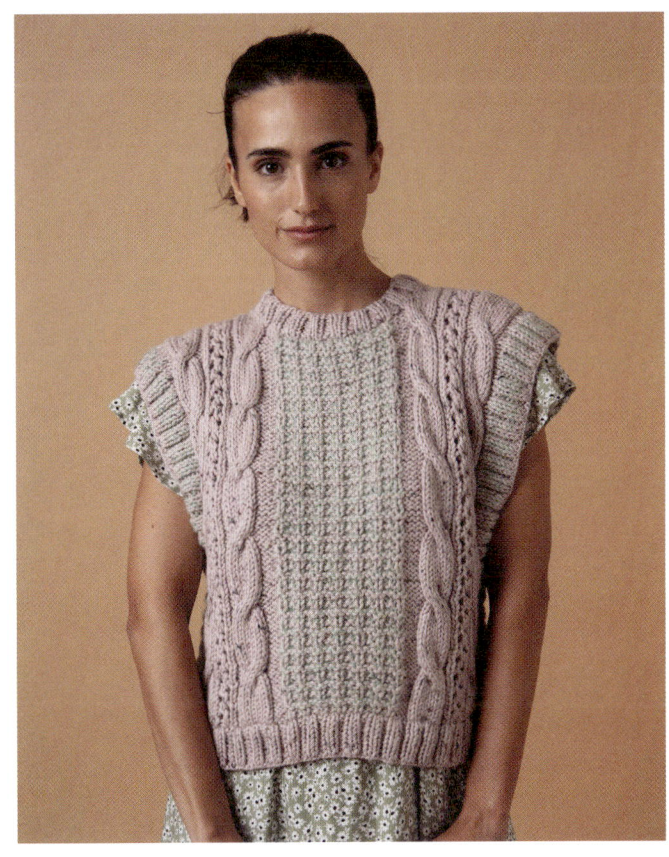

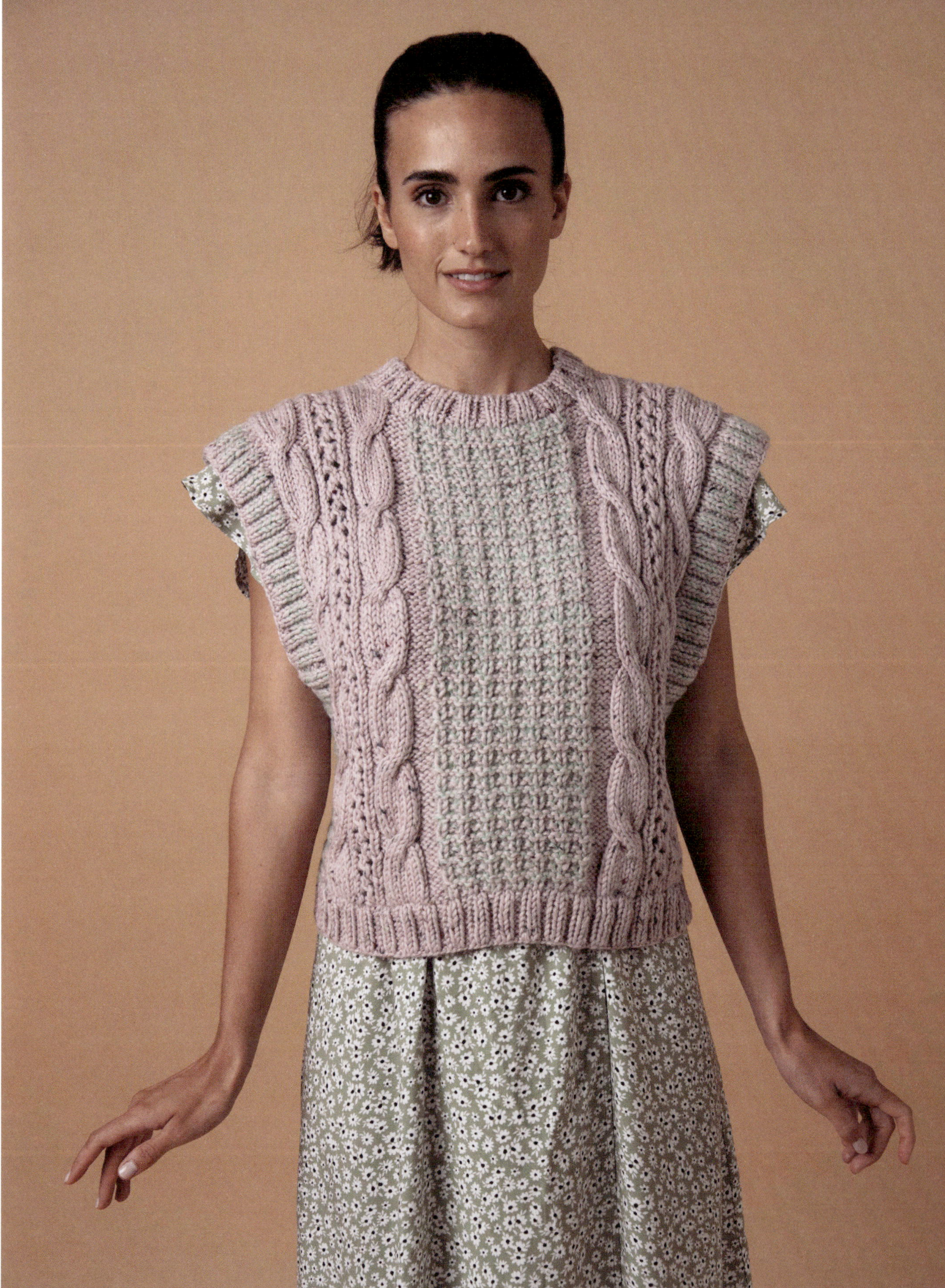

# POPPY

## SCHWIERIGKEITSGRAD:

⊗⊗⊗ Mit etwas Muße werdet ihr mit Wunderbarem belohnt!

**PULLUNDER MIT ARANZÖPFEN –** *Aranzöpfe sind schon an sich der Hingucker schlechthin und leichter zu stricken, als man denkt. Das Besondere an diesem Modell ist der neongrüne Beilauffaden, der das Zopfmuster in dem sanften Pudertweed ergänzt. Dieser verläuft nicht durch den gesamten Strick, sondern nur partienweise im Vorderteil und in den Seitenbündchen.*

## STRICKWEISE

Der Pullunder wird als Vorder- und Rückteil einzeln im Waffel- und im Aranzopfmuster in Reihen gefertigt. Dann werden die Schulternähte geschlossen und das Halsbündchen in Rippe 2 x 2 in Runden angestrickt.
Entlang der Seiten der Vorder- und Rückteile werden Bündchen in Reihen in Rippe 2 x 2 angestrickt und die Seitennähte geschlossen. Anschließend wird das Saumbündchen in Rippe 2 x 2 in Runden angestrickt.

## MATERIAL UND WERKZEUG

- Farbe A: 470/520/570/620 g Essentials Mega Wool Tweed Chunky, Rico Design, Puder Nr. 05, LL 125 m pro 100 g.
- Farbe B: 10/15/20/26 g Essentials Super Kid Mohair Loves Silk, Rico Design, Neongrün Nr. 67, LL 200 m pro 25 g.
- Rundstricknadeln 6 mm, Seillänge 80–120 cm
- Maschenmarkierer
- Wollnadel

## FERTIGMASSE

S/M/L/XL

A: 51/54/57/61 cm

B: 47/51/55/59 cm

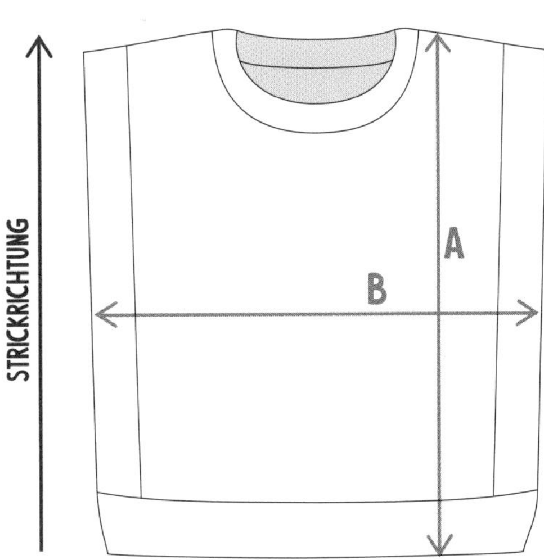

## MASCHENPROBE

Frb A – Nadelstärke 6 mm in Waffelmuster

10 x 10 cm = 15 M x 22 R

## RANDMASCHEN

Die 1. M wird stets abgenommen, die letzte M wird stets li gestrickt.

## GRUNDMUSTER WAFFEL IN REIHEN

Anzahl der M muss durch 3 teilbar sein.

**1. R:** Abwechselnd 1 re M, 2 li M stricken, letzte M re stricken.

**2.R:** 1. M li stricken, abwechselnd 1 re M, 2 li M stricken.

**3. + 4. R:** Alle M li stricken.

Fortlaufend 1.–4. R wdh.

## GRUNDMUSTER RIPPE 2 X 2 IN RUNDEN

Abwechselnd 2 M re, 2 M li stricken.

## GRUNDMUSTER RIPPE 2 X 2 IN REIHEN

**Hin-R:** RM, abwechselnd 2 re M, 2 li M stricken bis R-Ende, RM.

**Rück-R:** RM, M stricken, wie sie erscheinen, RM.

## RAPPORT FÜR DAS ARANZOPFMUSTER

**Siehe Legende S. 24**

RECHTE SEITE

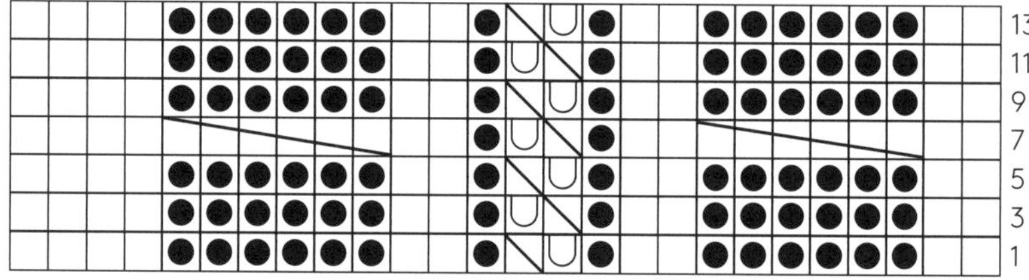


LINKE SEITE

13
11
9
7
5
3
1

# ANLEITUNG

## RT

Mit Frb A 75/80/85/90 M anschl.

**1. Hin-R:** RM, 1/2/3/4 li M, Rapport der rechten Seite stricken, 19/22/25/28 M Waffelmuster stricken, weiter Rapport der linken Seite stricken, 1/2/3/4 li M, RM.

**Rück-R:** In den Rück-R werden alle M gestrickt, wie sie erscheinen. Die U werden li gestrickt.

Insgesamt 6/6,5/7/7,5 Rapporte à 14 R stricken.

## RT HALSAUSSCHNITT

**Linke Seite:** 26/28/30/32 M nM stricken und stilllegen, 23/24/25/26 M nM stricken und abketten. 26/28/30/32 M nM stricken. Rück-R nM stricken.

**Weiter in 1. Hin-R:** RM, 2 li gen zusstricken, weiter nM stricken, RM.

**2.Rück-R:** nM stricken.

Insgesamt 2x Hin-und Rück-R wdh. M abketten.

**Rechte Seite:** 26/28/30/32 M wieder aufnehmen. Rück-R nM stricken.

**1. Hin-R:** RM, nM stricken bis 3 M vor R-Ende, 2 M re gen zusstricken, RM.

**1. Rück-R:** nM stricken.

Insgesamt 2x Hin- und Rück-R wdh. M abketten.

## VT

Mit Frb A 75/80/85/90 M anschl.

**1. Hin-R:** RM, 1/2/3/4 li M, Rapport der rechten Seite stricken, 19/22/25/28 M Waffelmuster stricken, hierbei Frb B in Hin- und Rück-R mitstricken, weiter Rapport der linken Seite stricken, 1/2/3/4 li M, RM.

**Rück-R:** In den Rück-R werden alle M gestrickt, wie sie erscheinen. Die U werden li gestrickt.

Insgesamt 5,5/6/6,5/7 Rapporte à 14 R stricken.

## VT HALSAUSSCHNITT

**Rechte Seite:** 26/28/30/32 M nM stricken und stilllegen, 23/24/25/26 M nM stricken und abketten. 26/28/30/32 M nM stricken. Rück-R nM stricken.

**Weiter in 1. Hin-R:** RM, 2 li gen zusstricken, weiter nM stricken, RM.

**2.Rück-R:** nM stricken.

Insgesamt 2x Hin- und Rück-R wdh. Weiter 4 R nM stricken. M abketten.

**Linke Seite:** 26/28/30/32 M wieder aufnehmen. Rück-R nM stricken.

**1. Hin-R:** RM, nM stricken bis 3 M vor R-Ende, 2 M re gen zusstricken, RM.

**1. Rück-R:** nM stricken.

Insgesamt 2x Hin- und Rück-R wdh. Weiter 4 R nM stricken, M abketten.

## NÄHTE

Beide Teile links auf links aufeinanderlegen und Schulternähte mit dem Matratzenstich schließen.

## BÜNDCHEN AM HALSAUSSCHNITT

Mit Frb A entlang der Halsausschnittkante aus dem QF zur RM 84/88/96/104 M aufnehmen. Maschenanzahl muss durch 4 teilbar sein.

Weiter 6 Rd Rippe 2 x 2 stricken. M ital abketten.

## BÜNDCHEN AM ARMAUSSCHNITT

Mit Frb A entlang der Seitenkante aus der 1. li M nach RM 192/196/200/204 M aufnehmen. Maschenanzahl muss durch 4 teilbar sein.

Weiter mit Frb A und B 5 R Rippe 2 x 2 in R stricken, und 2 R in Frb A stricken. M abketten.

Die zweite Seite genauso arbeiten.

## SEITENNÄHTE SCHLIESSEN

Teile links auf links aufeinanderlegen und Seitennähe ca. 14/15/16/17 cm vom Saum nach oben hin mit dem Matratzenstich schließen.

## SAUMBÜNDCHEN

Mit Frb A entlang der Saumkante von RT und VT aus der Anschlag-R 188/192/196/200 M aufnehmen. Maschenanzahl muss durch 4 teilbar sein. Die M zur Rd schließen und MM für Rd-Anfg setzen.

Weiter 8 Rd Rippe 2 x 2 in Rd stricken. M abketten.

## FERTIGSTELLUNG

Fäden einweben, den Pullunder in der Handwäsche waschen und liegend trocknen lassen. Den Körper und die Bündchen in Form streichen.

### TIPP:

***Diesen Pullunder könnt ihr auch wunderbar offen tragen. Strickt das Saumbündchen einfach in Reihen einzeln an das Vorder- und Rückteil. Als Möglichkeit zum Schließen des Strickteils könnt ihr Gurtbänder, wie bei Modell Thola beschrieben, anstricken.***

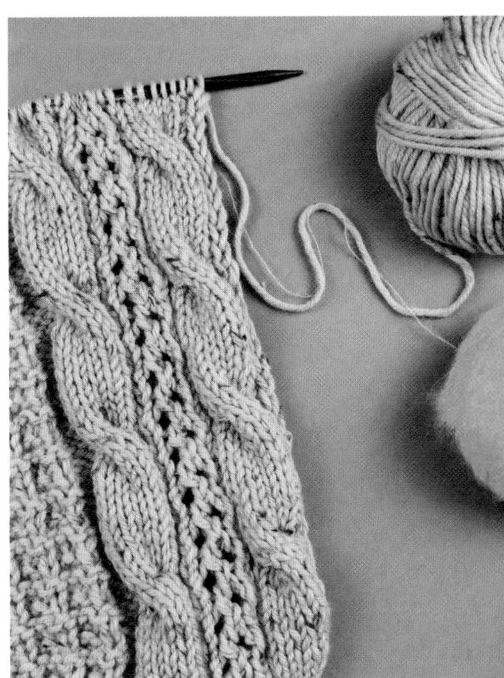

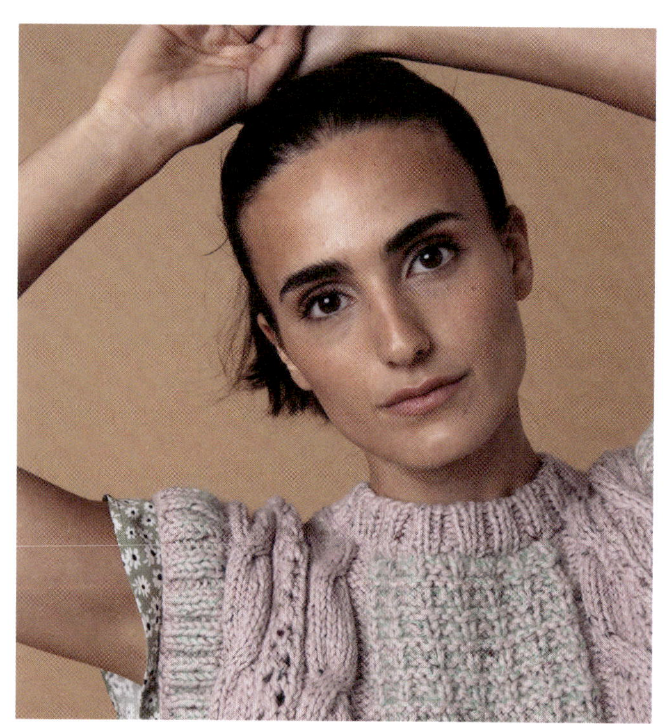

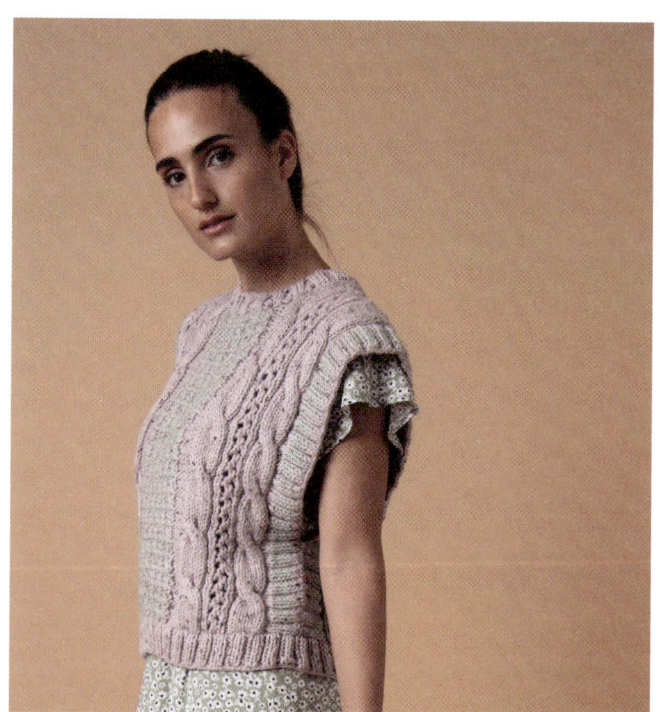

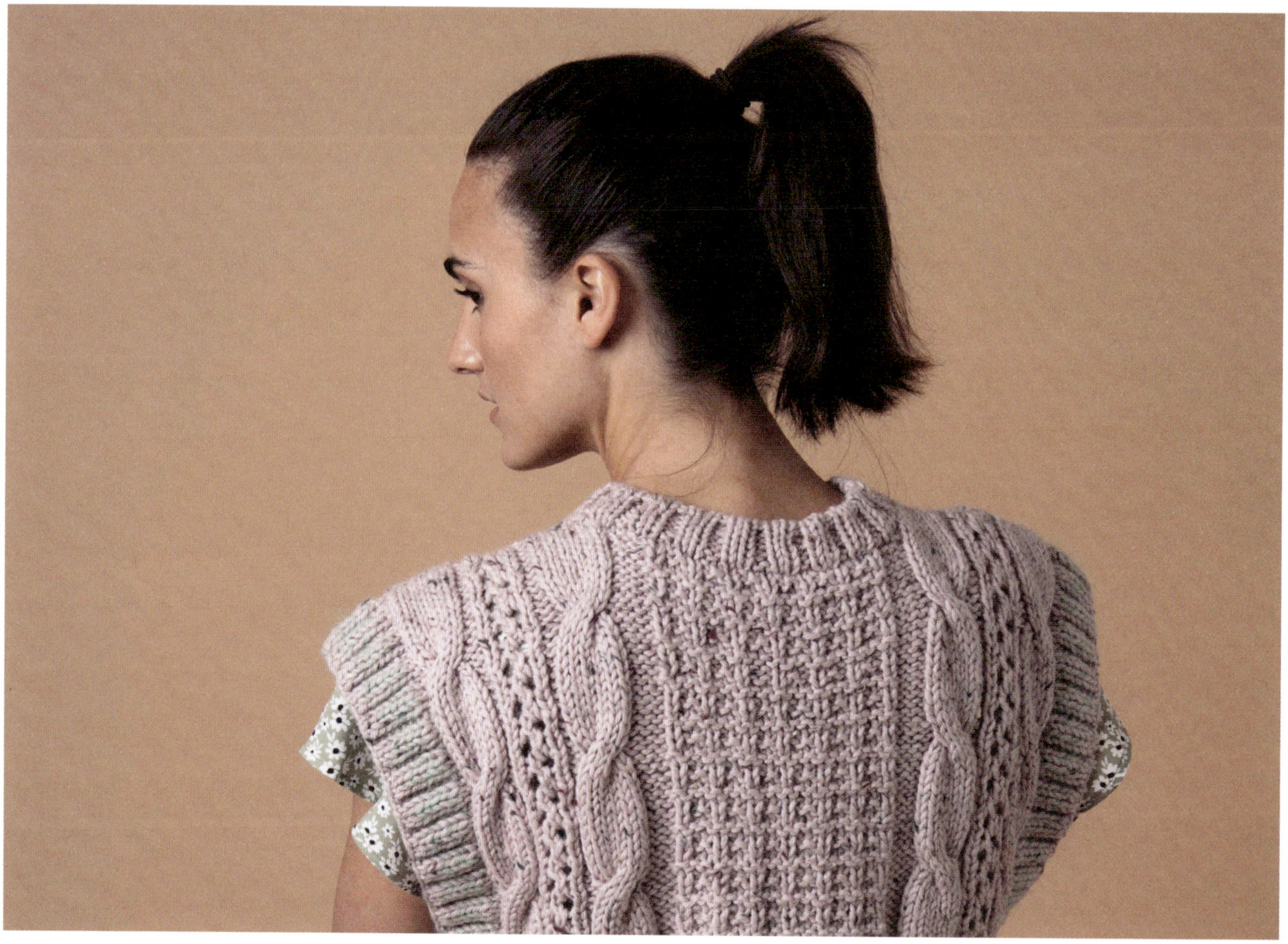

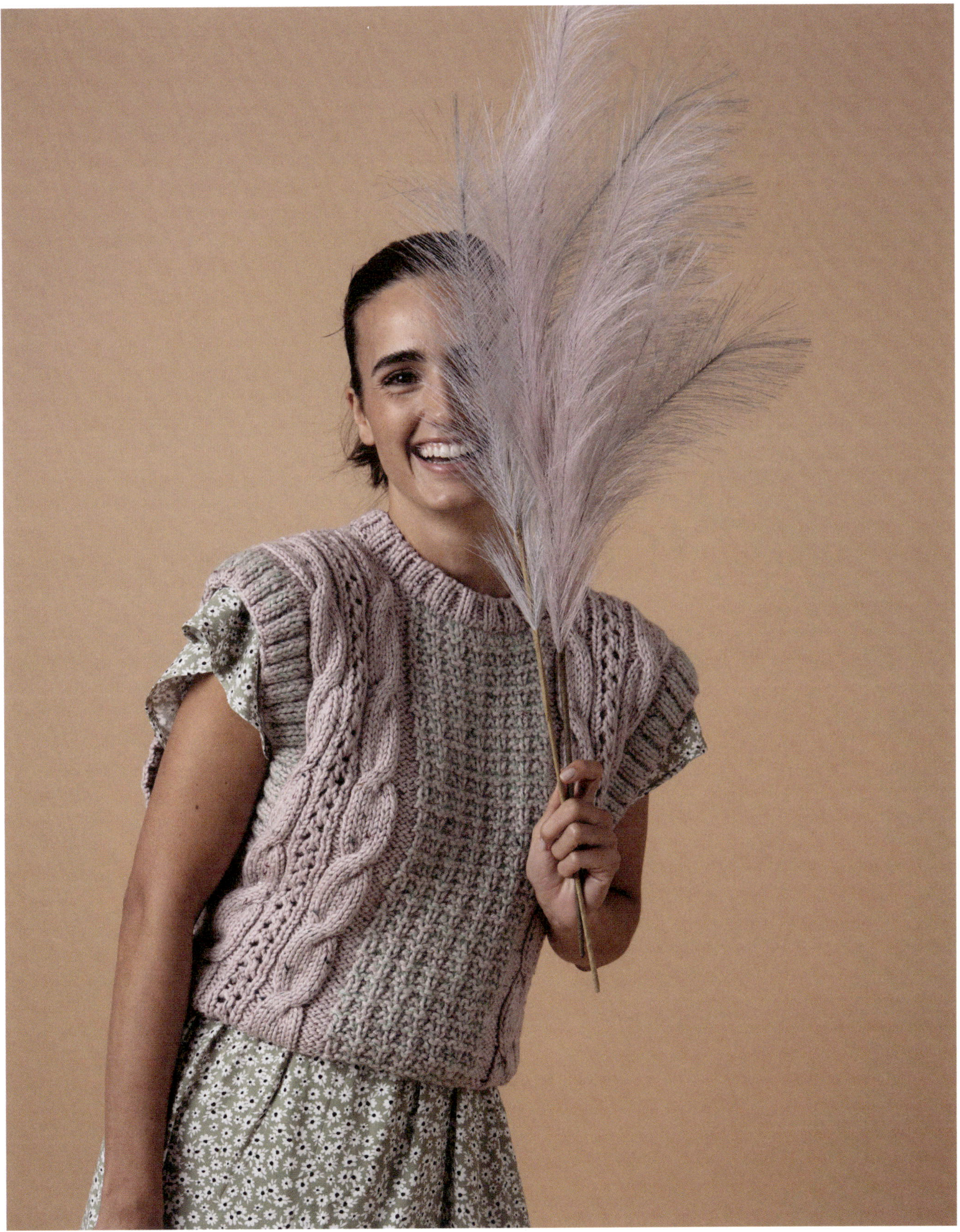

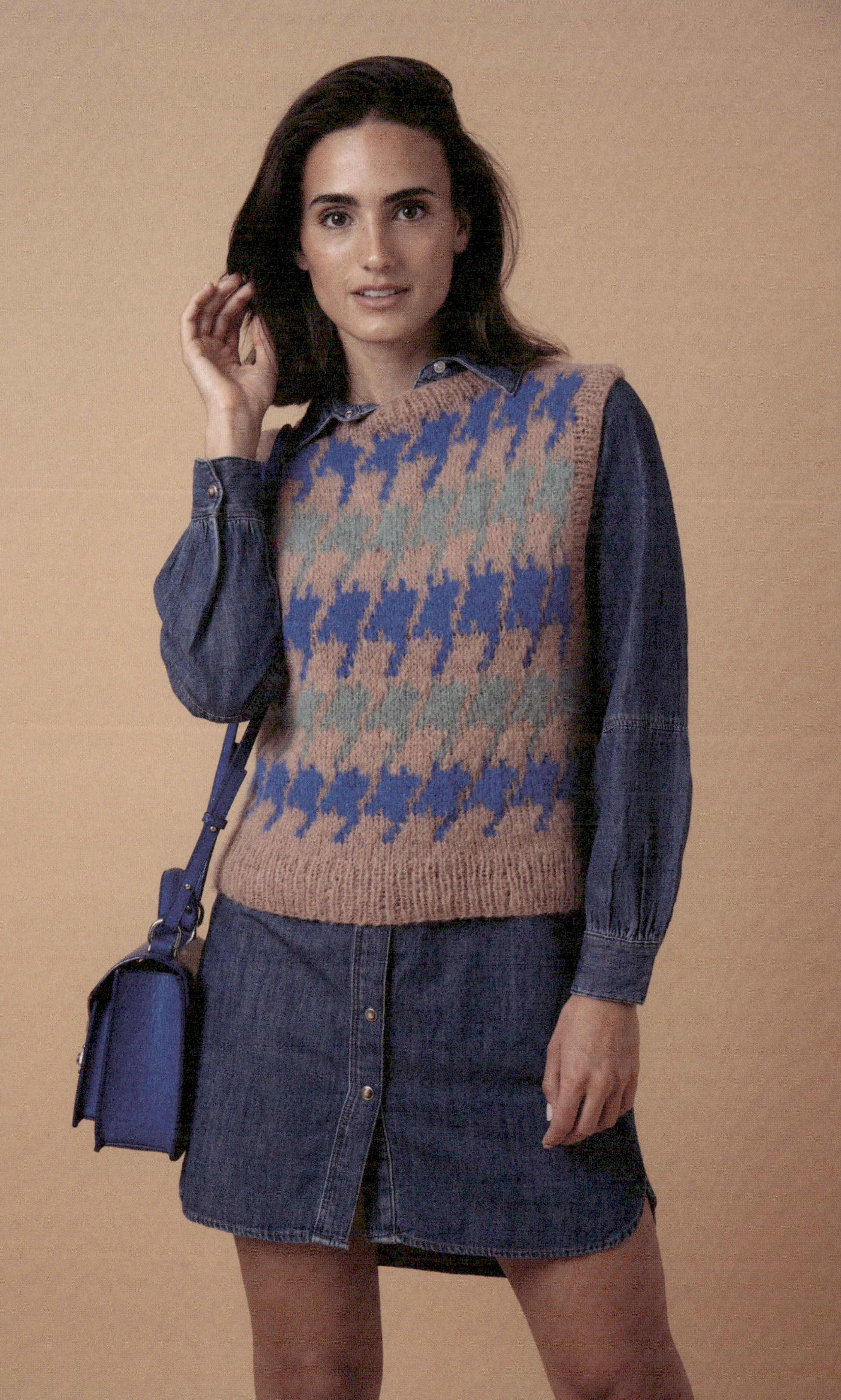

# MABELL

### SCHWIERIGKEITSGRAD:

⊗⊗⊗ Mit etwas Muße werdet ihr mit Wunderbarem belohnt!

**PULLUNDER MIT HAHNENTRITTMUSTER** – ***Wenn ihr beim Hahnentrittmuster an die altbekannte Schwarz-Weiß-Kombination denken müsst, wird es Zeit, neue ungewöhnliche Kombinationen auszuprobieren. Das recht große Hahnentrittmuster in knalligem Blau und Mintgrün strahlt auf dem gedämpften Rosé-Untergrund. Diese auffallenden Farben holen den Klassiker der Eleganz in einen ganz neuen modernen Look.***

### STRICKWEISE

Der Pullunder wird vom Saumbündchen nach oben hin erst in Runden gestrickt. Dann werden Vorder- und Rückteil in Reihen einzeln gefertigt. Anschließend werden die Schulternähte geschlossen. Das Halsbündchen und die Bündchen um die Armausschnitte werden angestrickt.
Der Pullunder im Jaquardstrickmuster wird durchgehend zweifädig gestrickt.

### MATERIAL UND WERKZEUG

- Farbe A: 90/110/130/150 g Alpaca Superlight Lang Yarns, Rosa Nr. 128, LL 199 m pro 25 g
- Farbe B: 20/25/30/35 g Alpaca Superlight Lang Yarns, Blau Nr. 006, LL 199 m pro 25 g
- Farbe C: 20/25/30/35 g Alpaca Superlight Lang Yarns, Grün Nr. 091, LL 199 m pro 25 g

- Alle Garne werden 2-fädig gestrickt.
- Rundstricknadeln 4,5 mm und 5 mm, Seillänge 80–120 cm
- Hilfsseil 80 cm oder Hilfsgarn zum Stilllegen der Maschen
- Maschenmarkierer
- Wollnadel

### FERTIGMASSE

S/M/L/XL

A: 52/55/58/61 cm

B: 45/49/53/57 cm

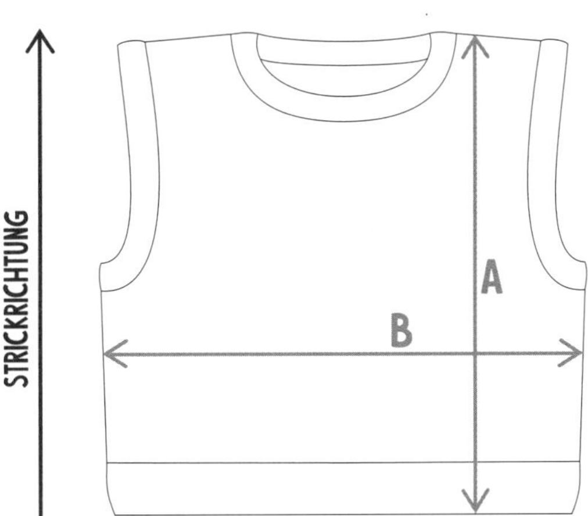

## MASCHENPROBE

Frb A – Nadelstärke 5 mm glatt rechts im Jaquardstrick

10 x 10 cm = 20 M x 22 R

## RANDMASCHEN

Die 1. M wird stets abgenommen, die letzte M wird stets li gestrickt.

## GRUNDMUSTER GLATT RECHTS IN REIHEN

**Hin-R:** RM, alle M re stricken, RM.

**Rück-R:** RM, alle M li stricken, RM.

## GRUNDMUSTER GLATT RECHTS IN RUNDEN

Alle M re stricken.

## GRUNDMUSTER RIPPE 1 X 1 IN RUNDEN

Abwechselnd 1 re M, 1 li M stricken.

## RAPPORT FÜR DAS JAQUARDMUSTER

Der Rapport für dieses Muster besteht aus 8 M und 16 R. In der Hin-R werden die angegebenen M in der jeweiligen Frb gestrickt. In Rd wird in geraden Rd das Frb-Muster wiederholt.

In R wird in der Rück-R das Frb-Muster wiederholt.

Auf der linken Seite werden die nicht gestrickten Fäden jeweils bis zur nächsten M durchgezogen.

Bei diesem Muster werden die Frb B und C pro Rapporthöhe von 16 R abwechselnd gestrickt.

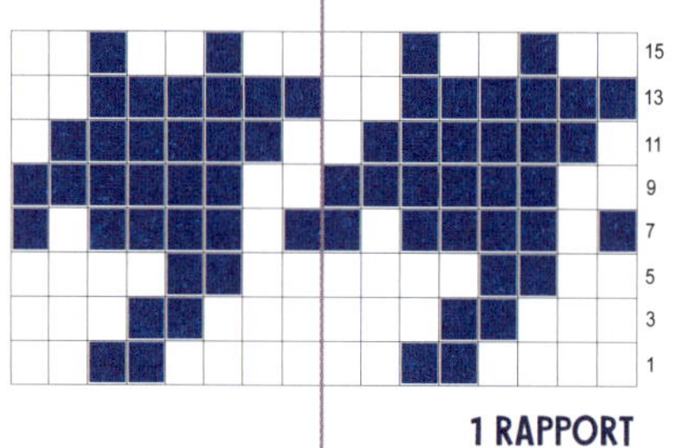


# ANLEITUNG

## BÜNDCHEN

Auf 4,5-mm-Nadeln mit Frb A (zweifädig) 176/192/208/224 M anschl, die M zur Rd schl, MM für Rd-Anfg setzen und 15 Rd Rippe 1 x 1 stricken.

## KÖRPER

Zu 5-mm-Nadeln wechseln und 2/5/2/5 Rd glatt rechts in Rd stricken.

Frb B (zweifädig) in die Arbeit aufnehmen und das Jaquard-muster ab Rd-Anfg mit Frb B und 1. R beginnen. Insgesamt sind in einer Rd 22/24/26/28 M Rapporte.

1 Rapport à 16 R in Frb A und B stricken, 1 Rapport in Frb A und C.

Für Größe L und XL einen weiteren Rapport in Frb B.

Bis zur vorletzten R des Rapports stricken und M nach MM wie folgt aufteilen:

6 M für re Armausschnitt, 82/90/98/106 M für RT, 82/90/98/106 M für VT, 6 M für li Armausschnitt. Die Partien mit MM abtrennen.

Letzte R des Rapports stricken, dabei je 6 M für Armausschnitt abketten und M für VT stilllegen.

## RT UND ARMAUSSCHNITT

RT in R arbeiten. Hahnentritt-muster bei 9. M beginnen und 8/9/10/11 Rapporte in Höhe stricken.

**1. Hin-R:** RM, 2 re M, 2 M li gen zusstricken, 2 M li gen zusstricken, re M stricken bis 7 M vor R-Ende, 2 M re gen zusstricken, 2 M re gen zusstricken, 2 re M, RM.

**2. Rück-R:** nM stricken.

Insgesamt 4x Hin- und Rück-R wdh.

Weiter 3 Rapporte abwechselnd in Frb B und C stricken, 1 Rapport in Frb A. Bei Größe M und XL weiter 4 R nur Frb A stricken.

## RT HALSAUSSCHNITT

Weiter nur mit Frb A arbeiten.

**Linke Seite:** 17/21/25/29 M nM in Frb A stricken und stilllegen, 32 M abketten, 17/21/25/29 M nM stricken.

**1. Hin-R:** RM, 2 re M, 2 M li gen zusstricken, re M bis R-Ende, RM.

**2.Rück-R:** nM stricken.

Insgesamt 2x Hin- und Rück-R wdh. Weitere 6 R nM stricken. M abketten.

**Rechte Seite:** 17/21/25/29 M wieder aufnehmen.

**1. Rück-R:** nM stricken.

**2. Hin-R:** RM, re M stricken bis 5 M vor R-Ende, 2 M re gen zusstricken, 2 re M, RM.

Insgesamt 2x Hin- und Rück-R

wdh. Mit Rück-R enden. Weitere 6 R nM stricken und die M abketten.

## VT

Die M für VT wieder aufnehmen und in R arbeiten. Hahnentrittmuster bei 9. M beginnen und 8/9/10/11 Rapporte stricken.

**1. Hin-R:** RM, 2 re M, 2 M li gen zusstricken, 2 M li gen zusstricken, re M stricken bis 7 M vor R-Ende, 2 M re gen zusstricken, 2 M re gen zusstricken, 2 re M, RM.

**2. Rück-R:** nM stricken.

Insgesamt 4x Hin- und Rück-R wdh.

Weiter 3 Rapporte abwechselnd in Frb B und C stricken. Bei Größe M und XL weiter 4 R nur Frb A stricken.

## VT HALSAUSSCHNITT

**Rechte Seite:** 17/21/25/29 M nM in Frb A stricken und stilllegen, 32 M abketten, 17/21/25/29 M nM stricken. Rück-R nM stricken.

**1. Hin-R:** RM, 2 re M, 2 M li gen zusstricken, re M bis R-Ende, RM.

**2. Rück-R:** nM stricken.

Insgesamt 2x Hin- und Rück-R wdh. M stillegen.

**Linke Seite:** 17/21/25/29 M wieder aufnehmen. Rück-R nM stricken.

**1. Hin-R:** RM, re M stricken bis 5 M vor R-Ende, 2 M re gen zusstricken, 2 re M, RM.

**2. Rück-R:** nM stricken.

Insgesamt 2x Hin- und Rück-R wdh. Mit Rück-R enden und die Die M stilllegen.

## SCHULTERNÄHTE

Schultern links auf links aufeinanderlegen und die Nähte mit dem Maschenstich schließen.

## BÜNDCHEN AM ARMAUSSCHNITT

Mit 4,5-mm-Nadeln und Frb A entlang der Armausschnittkante aus QF zur RM 130/134/138/142 M aufnehmen. Maschenanzahl muss durch 2 teilbar sein. Weiter 5 Rd Rippe 1 x 1 stricken. M abketten.

Den zweiten Armausschnitt genauso arbeiten.

## BÜNDCHEN AM HALSAUSSCHNITT

Mit 4,5-mm-Nadeln und Frb A entlang der Halsausschnittkante aus der 1. M nach RM 90 M aufnehmen. Maschenanzahl muss durch 2 teilbar sein.

Weiter 5 Rd Rippe 1 x 1 stricken. M abketten.

## FERTIGSTELLUNG

Fäden einweben, den Pullunder in der Handwäsche waschen und liegend trocknen lassen. Den Körper und die Bündchen in Form streichen.

### TIPP:

***Beim Jaquardmuster eignen sich sehr gut glatte Nadeln mit einer langen Spitze, wie z. B. Lace-Stricknadeln, damit die Maschen besser gleiten und die Spannung an den Flottierungen auf der linken Seite das Maschenbild nicht zusammenzieht.***

***Damit die Fäden sich nicht verdrehen und besser greifbar sind, könnt ihr einen Jaquardstrickring auf den Zeigefinger setzen.***

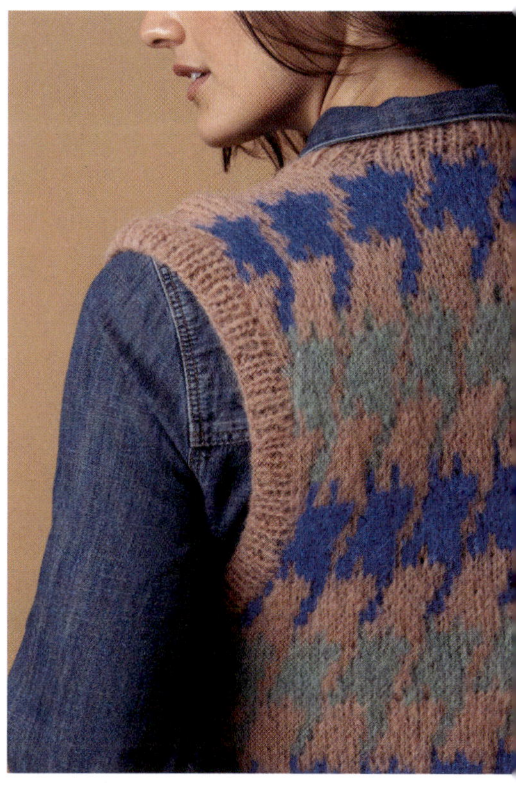

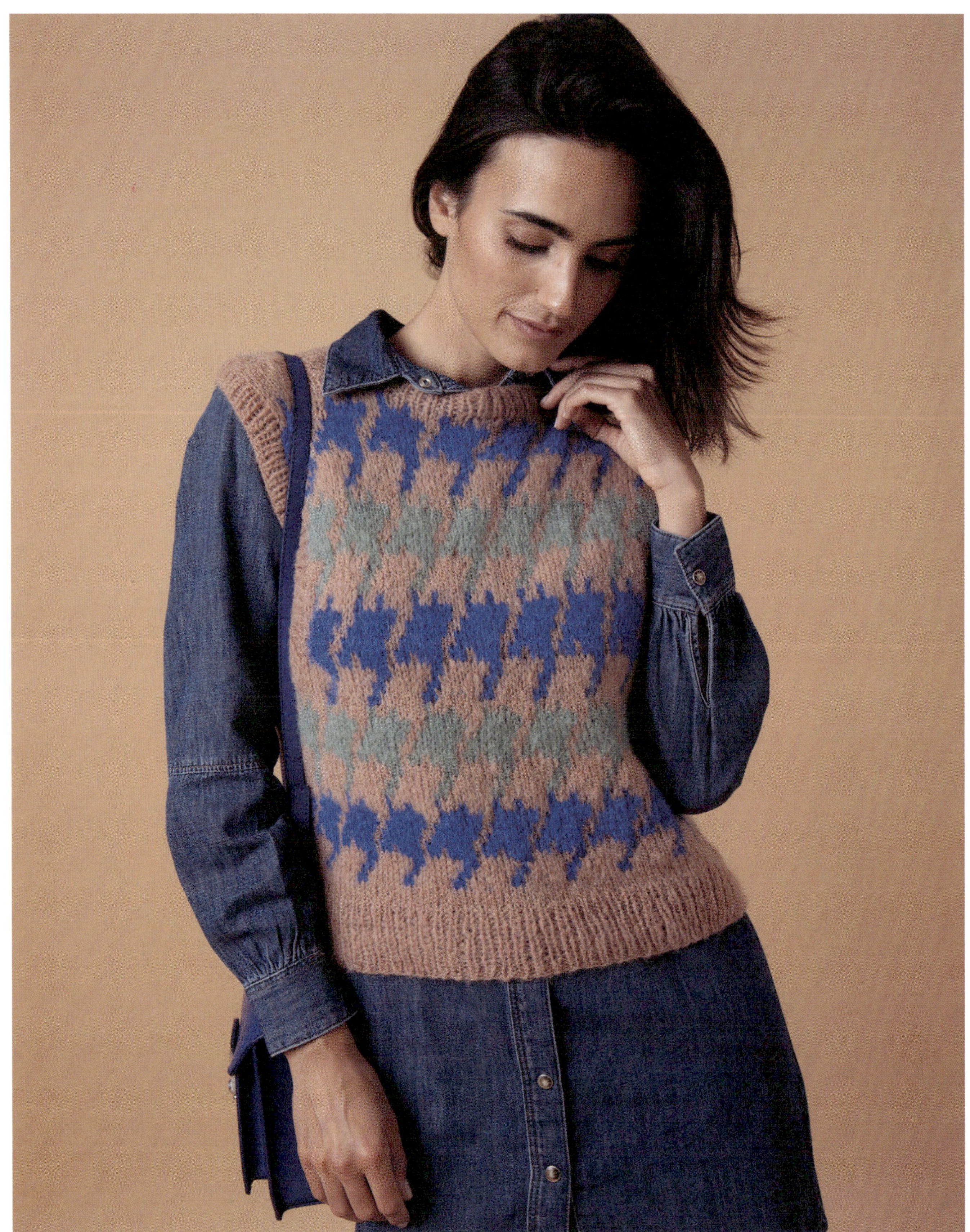

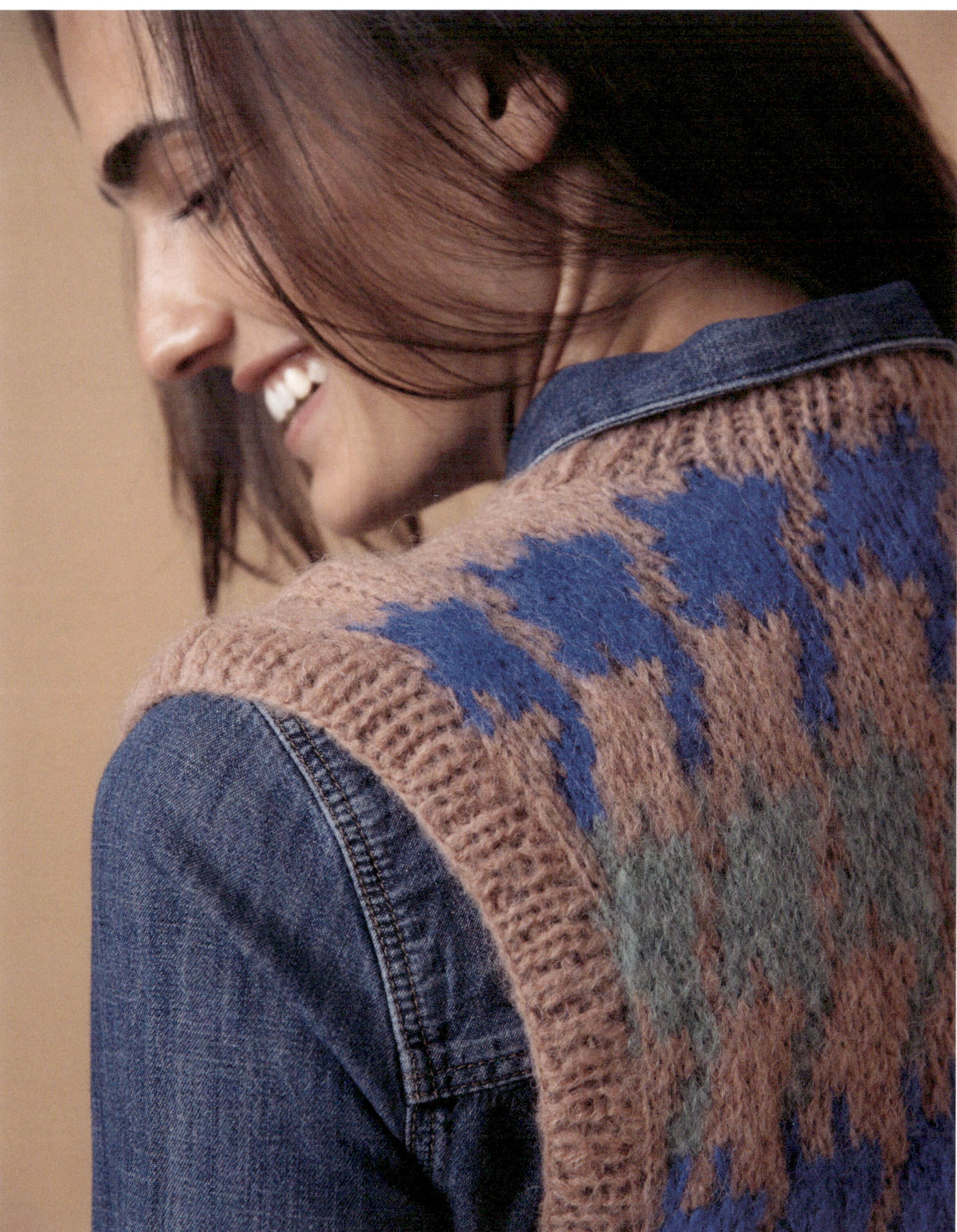

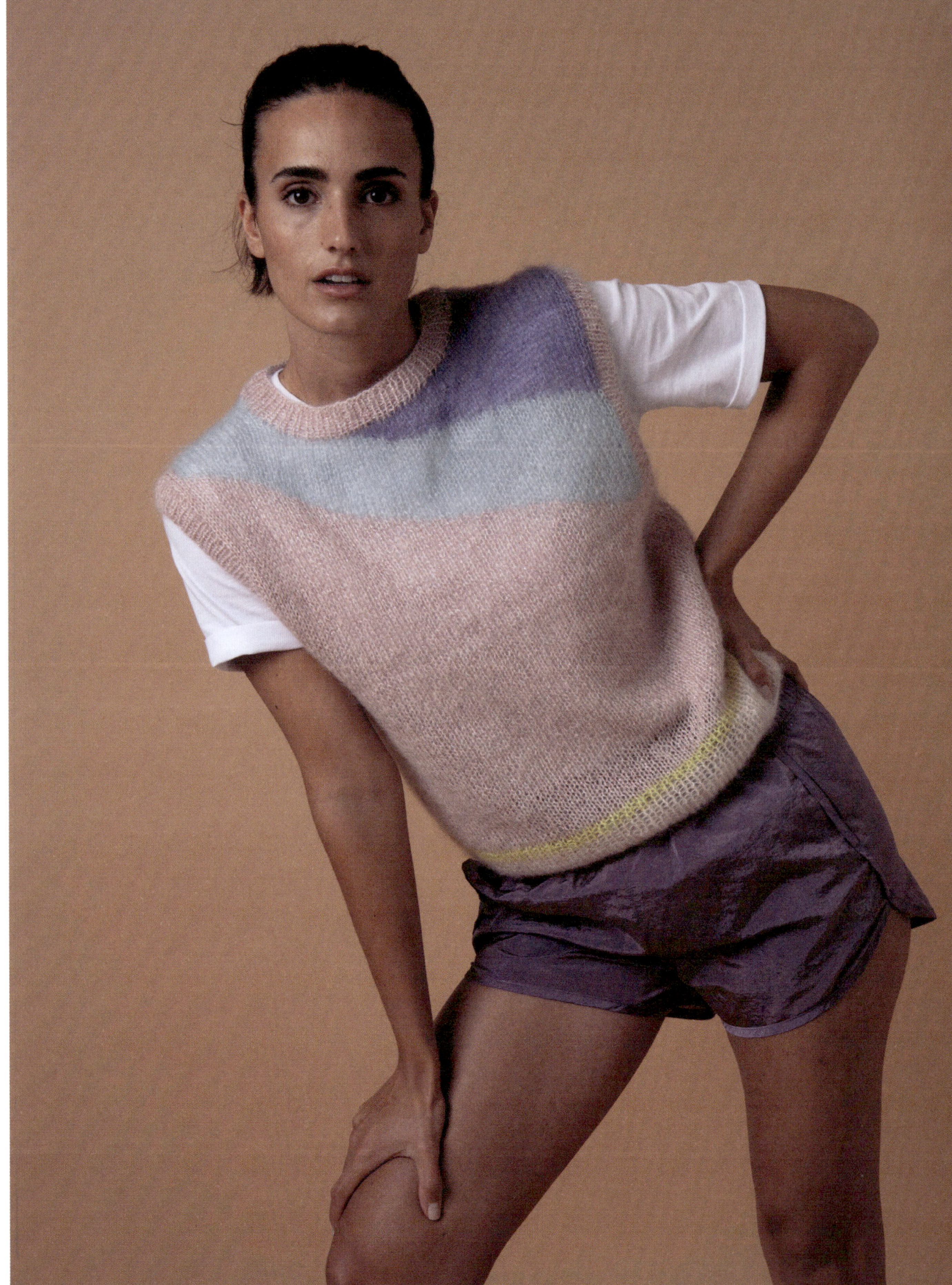

# MELLY

SCHWIERIGKEITSGRAD:

⊗⊗⊗ Mit etwas Muße werdet ihr mit Wunderbarem belohnt!

**PULLUNDER MIT INTARSIENMUSTER** – *Kann ein Pullunder zum Statement Piece werden? Oh ja, besonders wenn er in der Intarsientechnik gestrickt ist. Für den Eye-Catcher sorgt der leichte Glitzereffekt zusammen mit dem kuschelweichen Mohairgarn. Selbst doppelfädig verstrickt, ist der Pullunder ein wahres Leichtgewicht und kann über leichten Seidenblusen und Chiffonkleidern getragen werden, ohne zu beschweren.*

## STRICKWEISE

Der Pullunder wird vom Saumbündchen nach oben hin einzeln als Vorder- und Rückteil in Reihen gefertigt. Anschließend werden die Schulter- und Seitennähte geschlossen.

Das Halsbündchen und die Bündchen um die Armausschnitte werden angestrickt.

Der Pullunder wird in der Intarsienstricktechnik gefertigt.

## MATERIAL UND WERKZEUG

- Farbe A: 50/60/70/80 g Silkair Uni Lana Grossa, Zartrosa Nr. 93, LL 210 m pro 25 g
- Farbe B: 15/20/30/35 g Alpaca Superlight Lang Yarns, Blau Nr. 143, LL 210 m pro 25 g
- Farbe C: 15/20/30/35 g Alpaca Superlight Lang Yarns, Violett Nr. 188, LL 210 m pro 25 g
- Farbe D: 4/5/6/7 g Alpaca Superlight Lang Yarns, Grüngelb Nr. 185, LL 210 m pro 25 g
- Farbe E: 40/50/60/70 g Brillino, Weiß Rosa Nr. 8, LL 200 m pro 25 g

- Die Garne werden 2-fädig gestrickt. Frb A wird 1-fädig mit Frb E zusgestrickt.
- Rundstricknadeln 5 mm und 5,5 mm, Seillänge 80–120 cm
- Hilfsgarn zum Stilllegen der Maschen
- Maschenmarkierer
- Wollnadel

## FERTIGMASSE

S/M/L/XL

A: 44/48/52/56 cm

B: 47/51/55/59 cm

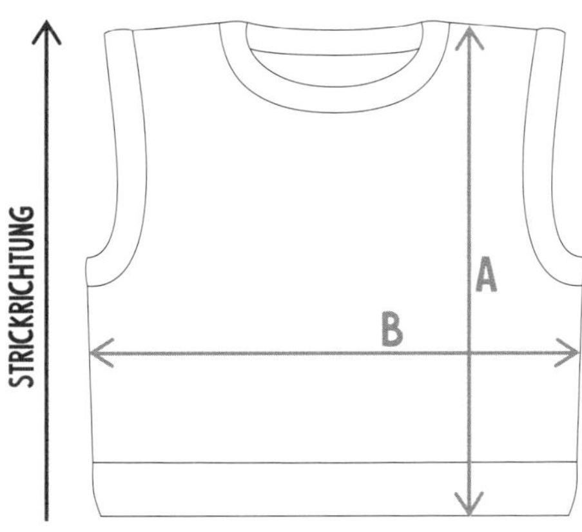

## MASCHENPROBE

Frb A – Nadelstärke 5 mm glatt rechts

10 x 10 cm = 17 M x 20 R

## RANDMASCHEN

Die 1. M wird stets abgenommen, die letzte M wird stets li gestrickt.

## GRUNDMUSTER GLATT RECHTS IN REIHEN

RM, alle M re stricken, RM.

## GRUNDMUSTER RIPPE 1 X 1 IN RUNDEN

Abwechselnd 1 M re, 1 M li stricken.

# ANLEITUNG

## RT

Auf 5-mm-Nadeln mit Frb A und E 89/97/105/113 M anschl und 13 R Rippe 1 x 1 stricken. Zu Frb D wechseln und 3 R nM stricken.

Zu 5,5-mm-Nadeln und Frb A und E wechseln und 18/20/22/24 cm glatt rechts stricken.

## RT ARMAUSSCHNITT

In der Hin-R 5 M abketten, weiter nM stricken. In Rück-R 5 M abketten, weiter nM stricken.

**1. Hin-R:** RM, 2 re M, 2 M li gen zusstricken, re M stricken bis 5 M vor R-Ende, 2 M re gen zusstricken, 2 re M, RM.

**2. Rück-R:** nM stricken.

Insgesamt 5x Hin- und Rück-R wdh. Weiter 2/3/4/5 cm glatt rechts stricken.

Das Intarsienschema RT (Seite 121) stricken.

## RT HALSAUSSCHNITT

20/24/28/32 M nM stricken und stilllegen, 29 M abketten, 20/24/28/32 M nM stricken. Rück-R nM stricken.

**Linke Seite:**

**1. Hin-R:** RM, 2 re M, 2 M li gen zusstricken, re M stricken bis R-Ende, RM.

**2.Rück-R:** nM stricken.

Insgesamt 2x Hin- und Rück-R wdh. Die M stilllegen.

**Rechte Seite:**

20/24/28/32 M wieder aufnehmen. Rück-R nM stricken.

**1. Hin-R:** RM, re M stricken bis 5 M vor R-Ende, 2 M re gen zusstricken, 2 re M, RM.

**2. Rück-R:** nM stricken.

Insgesamt 2x Hin- und Rück-R wdh. Mit Rück-R enden und die M stilllegen.

## VT

Auf 5-mm-Nadeln mit Frb A und E 89/97/105/113 M anschl, und 13 R Rippe 1 x 1 stricken. Zu Frb D wechseln und 3 R nM stricken.

Zu 5,5-mm-Nadeln und Frb A und E wechseln und 18/20/22/24 cm glatt rechts stricken.

## VT ARMAUSSCHNITT

In der Hin-R 5 M abketten, weiter nM stricken. In Rück-R 5 M abketten, weiter nM stricken.

**1. Hin-R:** RM, 2 re M, 2 M li gen zusstricken, re M stricken bis 5 M vor R-Ende, 2 M re gen zusstricken, 2 re M, RM.

**2. Rück-R:** nM stricken.

Insgesamt 5x Hin- und Rück-R wdh. Weiter 2/3/4/5 cm glatt rechts stricken.

Das Intarsienschema VT (Seite 120) stricken.

## VT HALSAUSSCHNITT

20/24/28/32 M nM stricken und stilllegen, 29 M abketten, 20/24/28/32 M nM stricken. Rück-R nM stricken.

**Rechte Seite:**

**1. Hin-R:** RM, 2 re M, 2 M li gen zusstricken, re M bis R-Ende, RM.

**2. Rück-R:** nM stricken.

Insgesamt 2x Hin- und Rück-R wdh. Mit Rück-R enden. Weiter 5 R nM stricken. Die M stilllegen.

**Linke Seite:**

20/24/28/32 M wieder aufnehmen. Rück-R nM stricken.

**1. Hin-R:** RM, re M stricken bis 5 M vor R-Ende, 2 M re gen zusstricken, 2 re M, RM.

**2. Rück-R:** nM stricken.

Insgesamt 2x Hin- und Rück-R wdh. Mit Rück-R enden. Weiter 5 R nM stricken. Die M stilllegen.

## SEITEN- UND SCHULTERNÄHTE

VT und RT links auf links aufeinanderlegen und die Seitennähte mit dem Matratzen- und die Schulternähte mit dem Maschenstich schließen.

## BÜNDCHEN AM ARMAUSSCHNITT

Mit 5-mm-Nadeln und Frb A und E entlang der Armausschnittkante aus der 1. M nach RM 134/138/142/146 M aufnehmen. Maschenanzahl muss durch 2 teilbar sein.

Weiter 6 Rd Rippe 1 x 1 stricken. M ital abketten.

Den zweiten Armausschnitt genauso arbeiten.

## BÜNDCHEN AM HALSAUSSCHNITT

Mit 5-mm-Nadeln und Frb A und E entlang der Halsausschnittkante aus dem QF zur RM 90 M aufnehmen. Maschenanzahl muss durch 2 teilbar sein.

Weiter 8 Rd Rippe 1 x 1 stricken. M ital abketten.

## FERTIGSTELLUNG

Fäden einweben, den Pullunder in der Handwäsche waschen und liegend trocknen lassen. Den Körper und die Bündchen in Form streichen.

### TIPP:

*Für Intarsienmotive eignen sich auch wunderbar kleine Garnreste, die dem gestrickten „Gemälde" Farbtupfer verleihen. Wenn der Farbabschnitt klein ist, dann wickelt die Fäden auf kleine Papierkärtchen oder auf Wäscheklammern. Letztere können die Enden sogar praktisch einklemmen.*

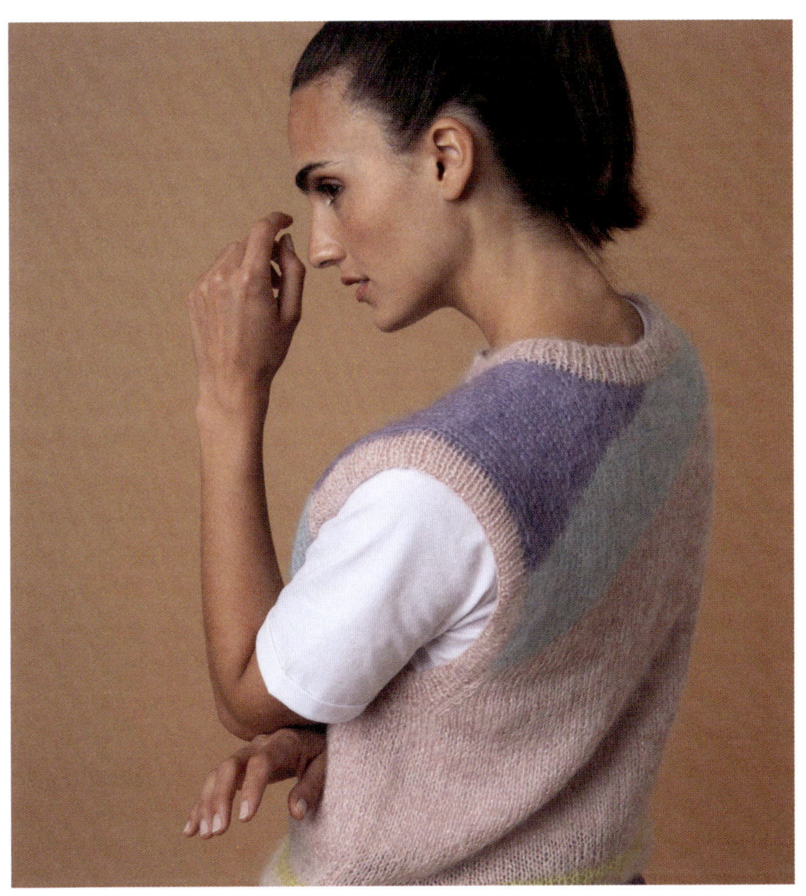

## INTARSIENMUSTER

Bei der Intarsienstricktechnik werden Farbblöcke in mehr als zwei Frb Glatt Rechts gestrickt. Dabei werden die einzelnen, nicht gestrickten Fäden auf der Rückseite nicht durchgezogen. Es wird immer nur eine Frb pro Abschnitt gestrickt. Die Fäden werden am Rand der Farbübergänge verkreuzt.

Auf der Strickschrift sind alle M in jeweiliger Frb angegeben.

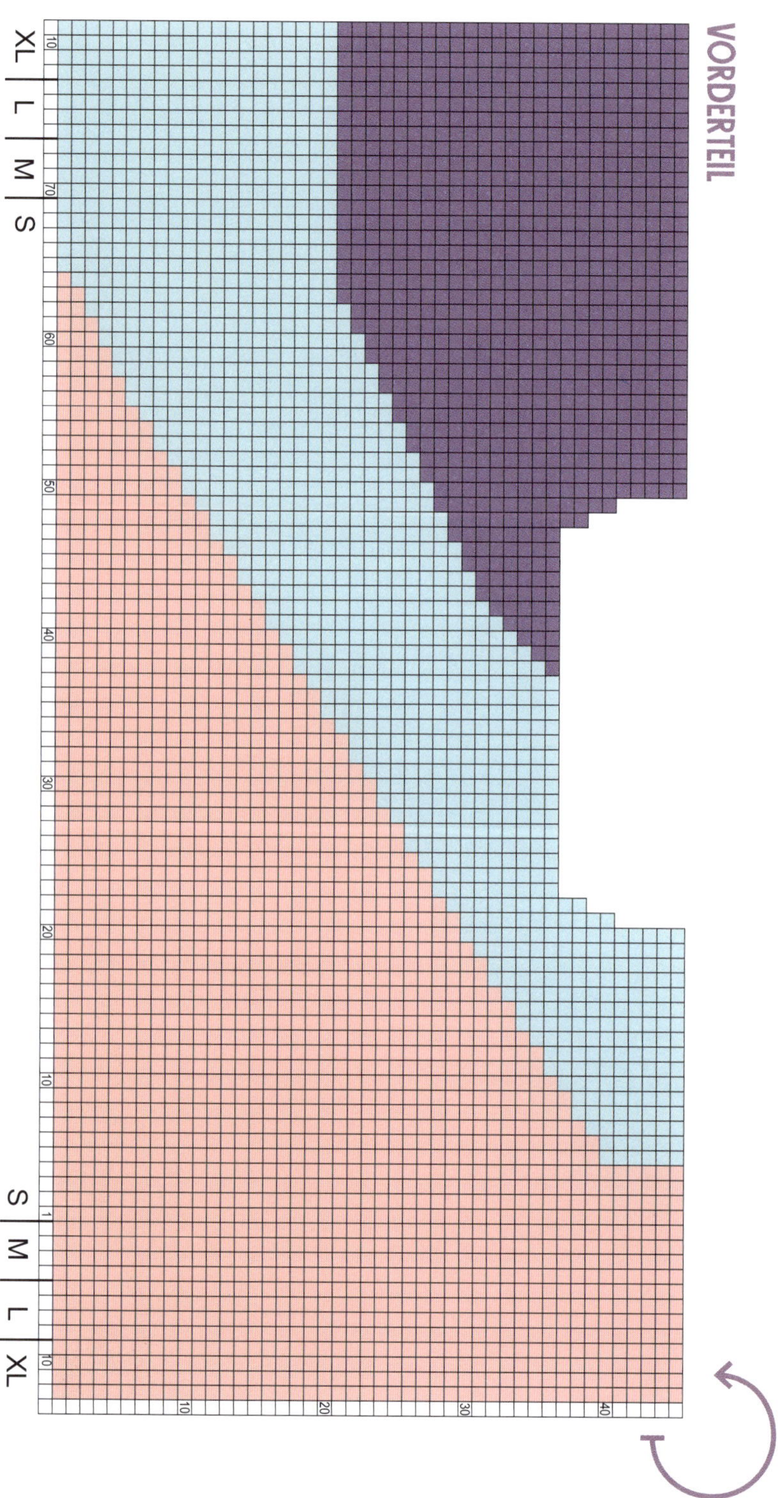


Buch bitte 1x gegen den Uhrzeigersinn drehen

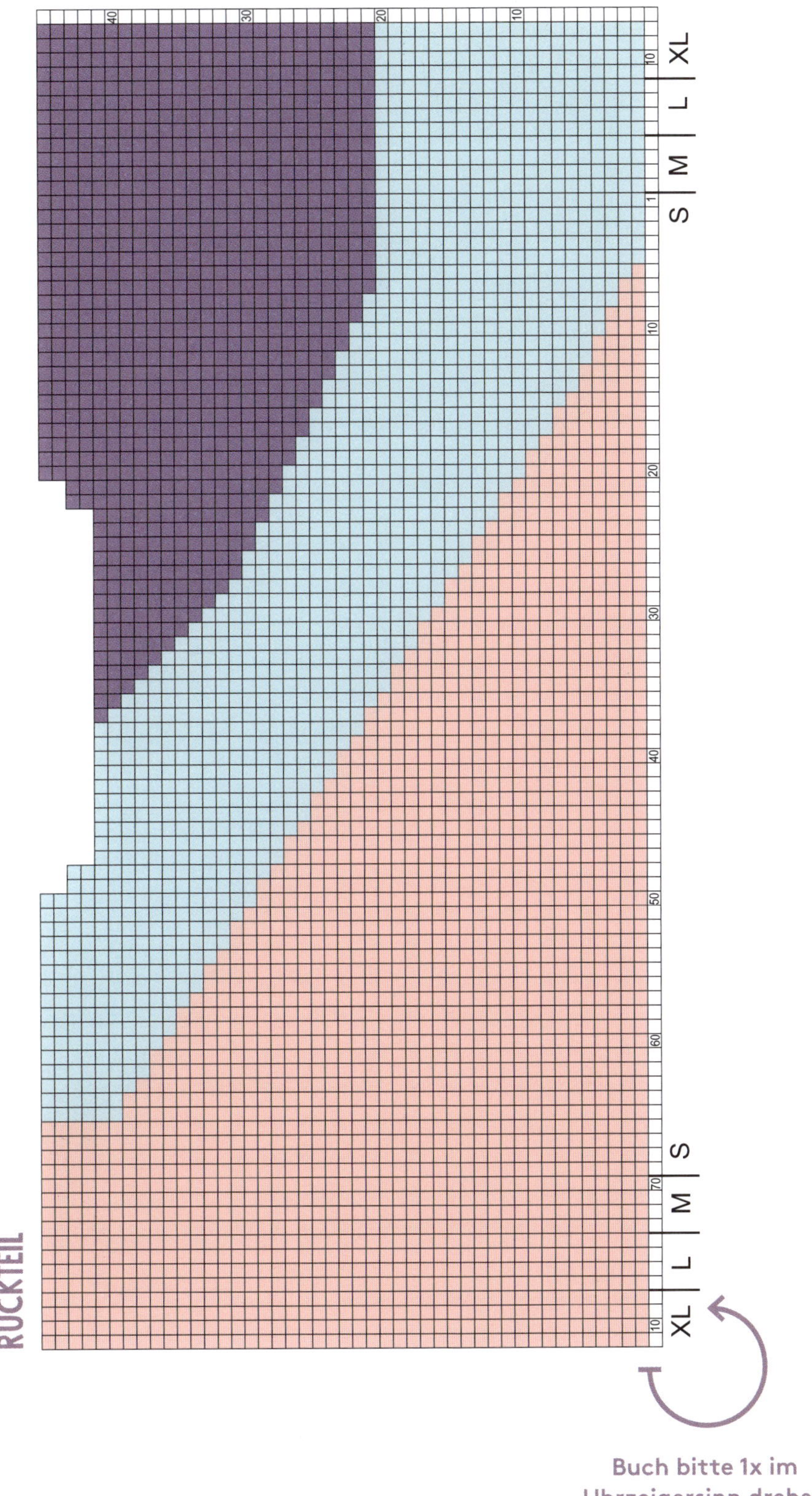
RÜCKTEIL
XL
L
M
S
Buch bitte 1x im
Uhrzeigersinn drehen

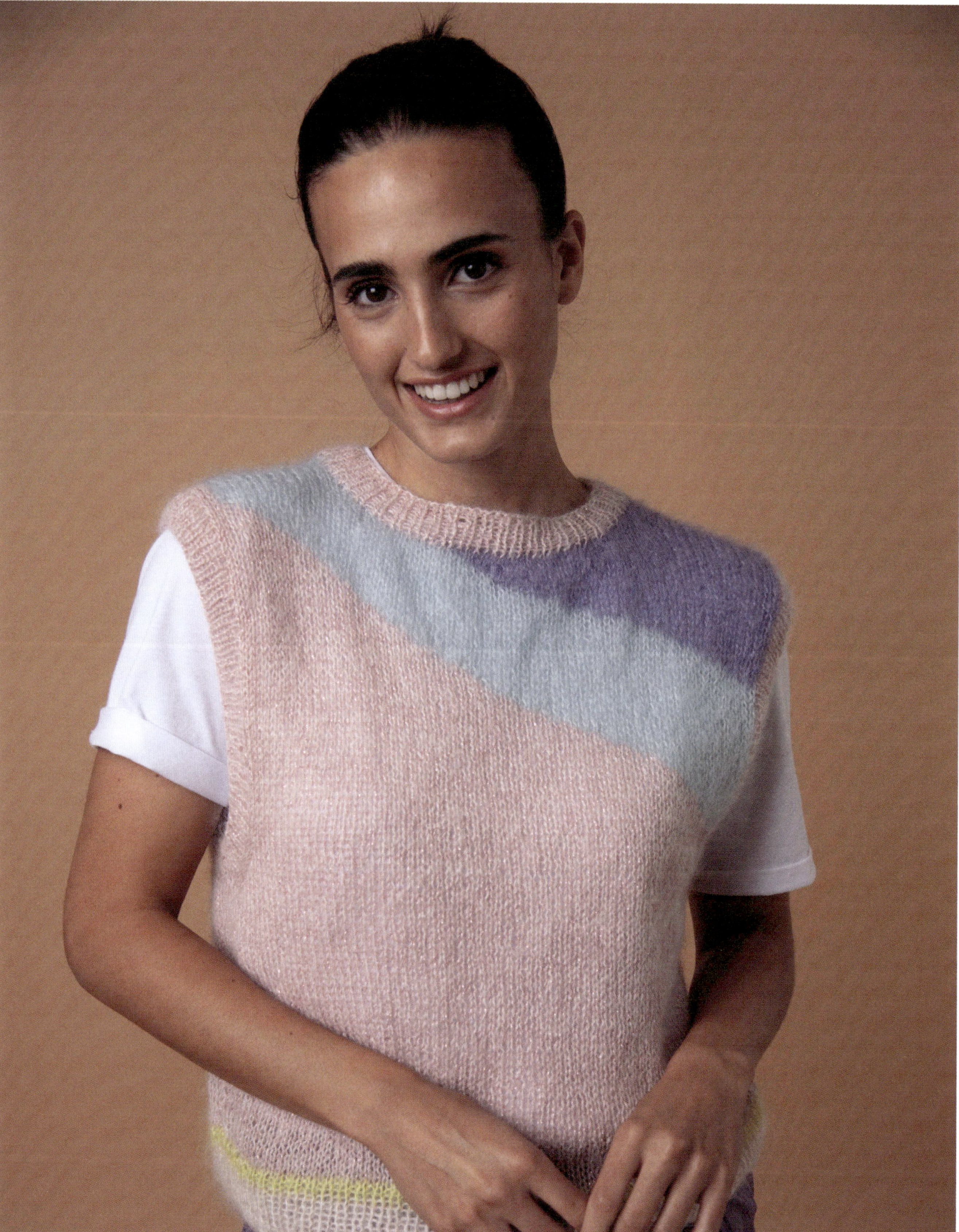

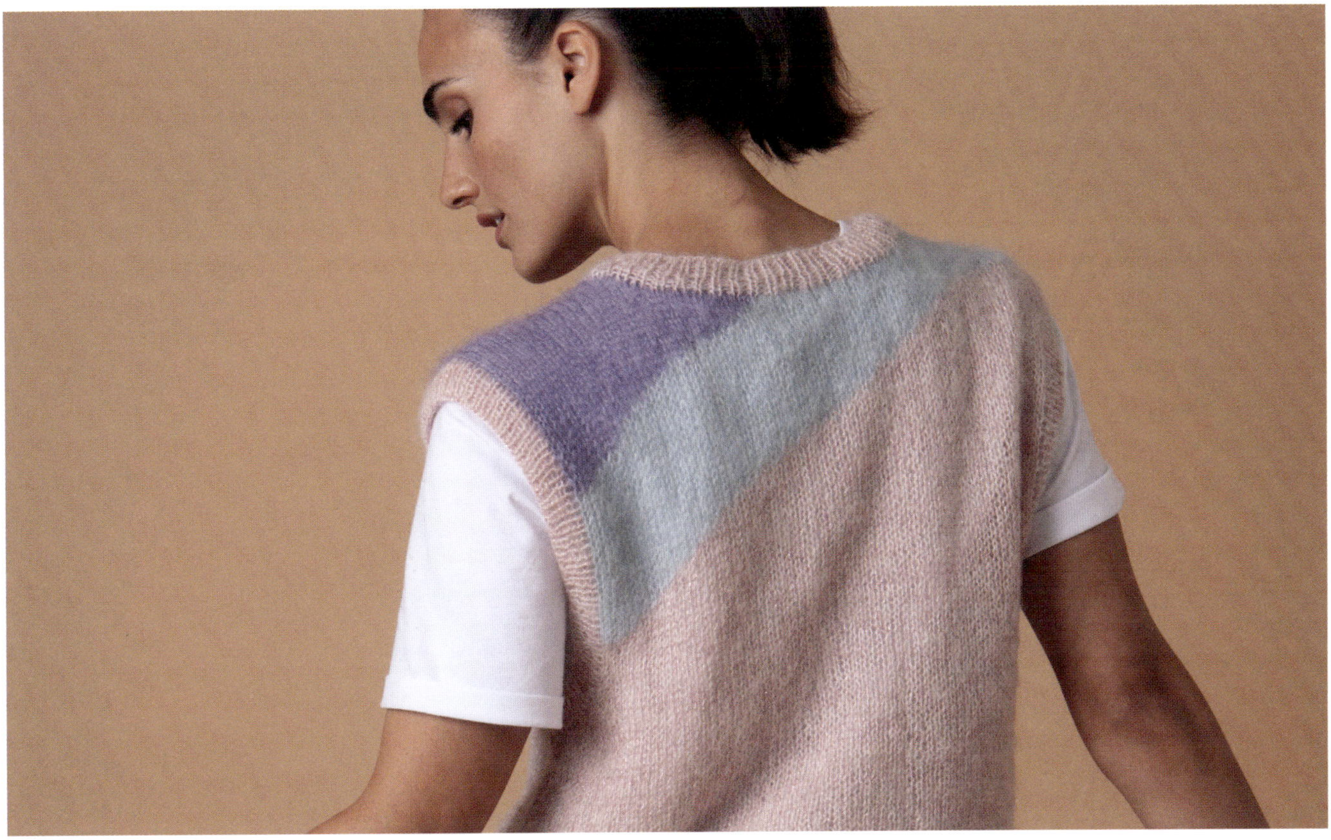

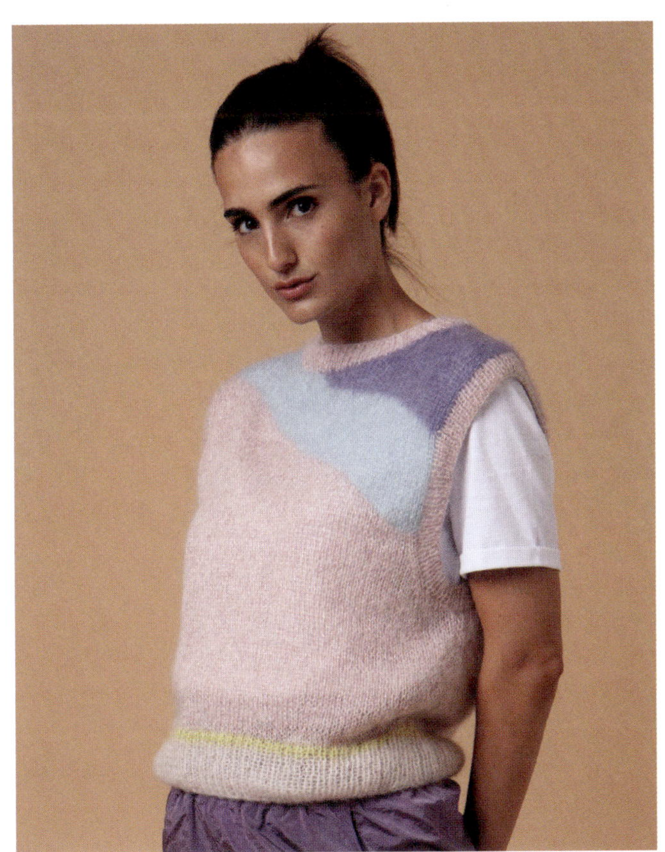

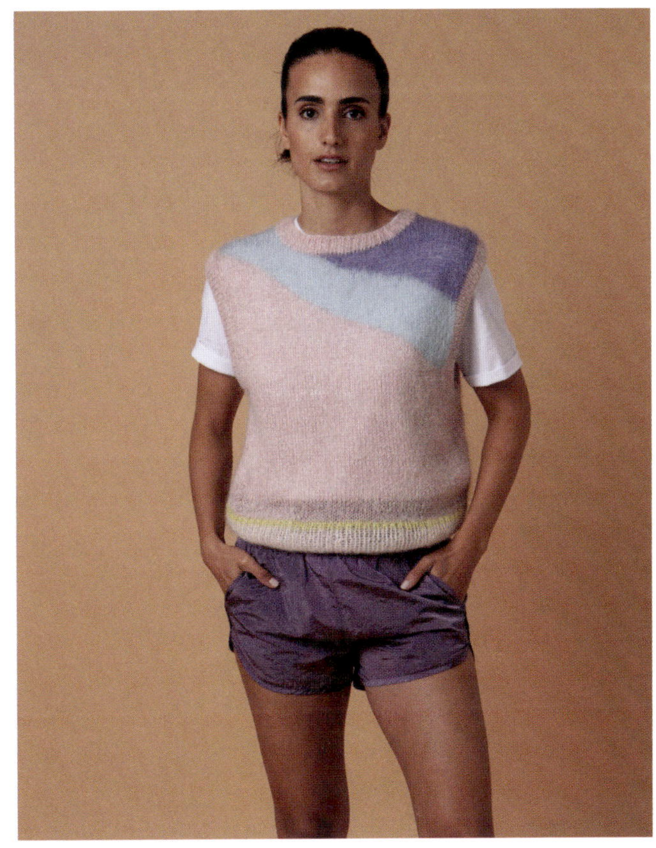

# ÜBER DIE AUTORIN

Meine erste Luftmaschenkette habe ich im Alter von sechs Jahren gehäkelt, die ersten Reihen mit neun gestrickt und meinen ersten Nähkurs mit zwölf besucht. Solange ich mich erinnern kann, drehte sich mein Alltag rund um Kleidung und Selbermachen. Nach dem Abi habe ich in Hamburg Modedesign studiert und nach meinem Diplom freiberuflich für tolle Editorials und Werbekampagnen außergewöhnliche Outfits kreieren dürfen. Diesen riesigen Schatz an Wissen über Textilien und Garne konnte ich nicht lange hüten und habe meinen Blog diyctators.com für Kleidung und Accessoires mit Schritt-für-Schritt-Anleitungen gestartet. Parallel dazu habe ich meine Beiträge auf Instagram gepostet und wurde so 2018 zum Prym Brand Ambassador.

Ende 2020 kam mir die Idee zum Youtube-Kanal. Mir fiel es am Anfang sehr schwer, in die Kamera zu sprechen. Aber ich hatte das Ziel, Stricken leicht und ohne Fachsimpelei zu erklären. Und was noch wichtiger ist: es in ganze Projekte umzusetzen. Oft braucht es einige Erfahrung und Wissen, um eine Strickanleitung zu verstehen. In einem Video kann ich ganz easy alle Schritte zeigen. Mit kleinen Tipps und Tricks können selbst die Anfänger*innen im Handumdrehen zu Profis werden.

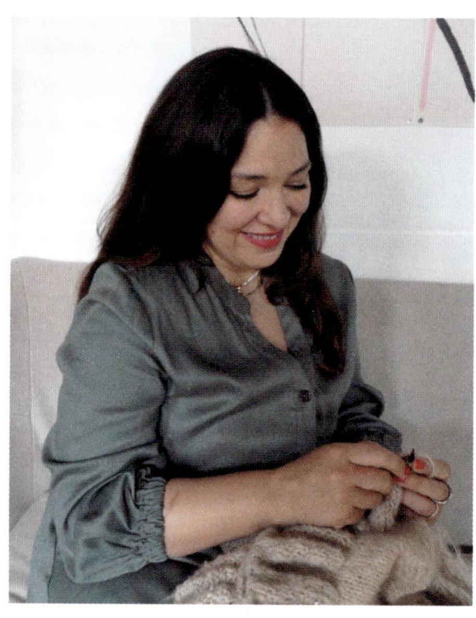

Nach über eineinhalb Jahrzehnten in der Nordperle Hamburg mit Studium, Arbeit und Familiengründung bin ich samt Mann, Kind und Kegel in meine alte Heimatstadt Lübeck zurückgekehrt.

# DANKSAGUNG

Ich bin der Frau unendlich dankbar, die mir als Erste die Stricknadeln in die Hand gedrückt hat und mich Jahre später an ihre heilige Strickmaschen ranließ, um meine verrückten und herausfordernden Designs für das Studium und spätere Arbeit zu stricken. Meine liebe Mama, Tatjana, hat auch mit Adleraugen die Anleitungen nachgeprüft und mit ihrer Qualifikation als Maschinenbauingenieurin auch präzise nachgerechnet.

Ich bedanke mich sehr für die tolle und professionelle Unterstützung bei Katia Yarns und die liebe Katja, bei Lana Grossa, bei der coolen Joanna, bei Lang Yarns und der tollen Kimberley, bei Rico Design und den Profis Nicola und Katharina, bei Union Knopf und der zuvorkommenden Nicole.

Ich sende ein großes Dankeschön an die Addi Gustav Setler GmbH und Frau Kraft für die tolle Kooperation.

Mein besonderer Dank gilt der Firma Prym, besonders Corinna, für die jahrelange Zusammenarbeit, den super Support und so viel Auftrieb als Content Creator.

Ich danke herzlich dem EMF Verlag für diese Chance und vor allem meiner lieben Lektorin Saskia Reusch, die mit dieser Idee auf mich zugekommen ist, mich durchgehend unterstützt hat und meine kreativen Nervenzellen ordentlich herausgefordert hat. Wir sehen uns hoffentlich bald offline.

Und natürlich muss ich meinen Männern danken: meinem Papa, meinem Zwillingsbro, meinem Mann und meinen beiden Jungs für die unglaubliche Unterstützung, Motivation und endlose Begeisterung beim Auspacken der Garne bis hin zu den fertigen Pullundern. Und ich danke euch auch für all die Geduld, euer Verständnis und den vielen Platz für mein ganzes Strickzeug!

# NOCH MEHR TOLLE BÜCHER

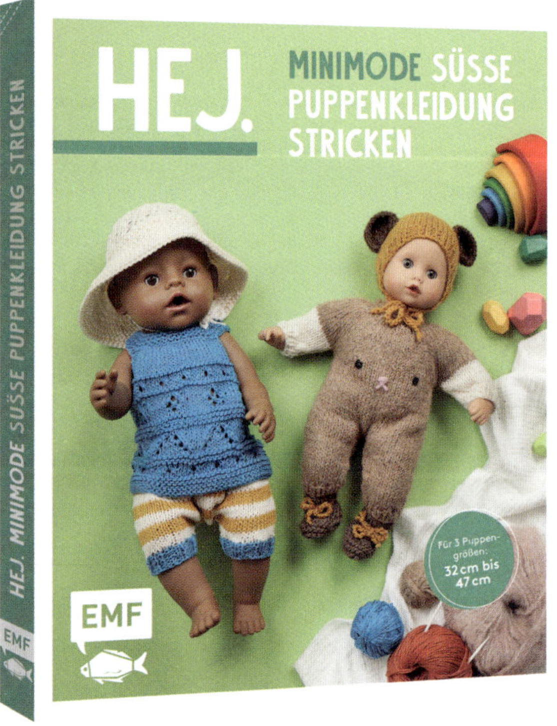


**Hej. Minimode**
Süße Puppenkleidung stricken

978-3-7459-1486-3

12,00 EUR (DE)
12,40 EUR (AT)

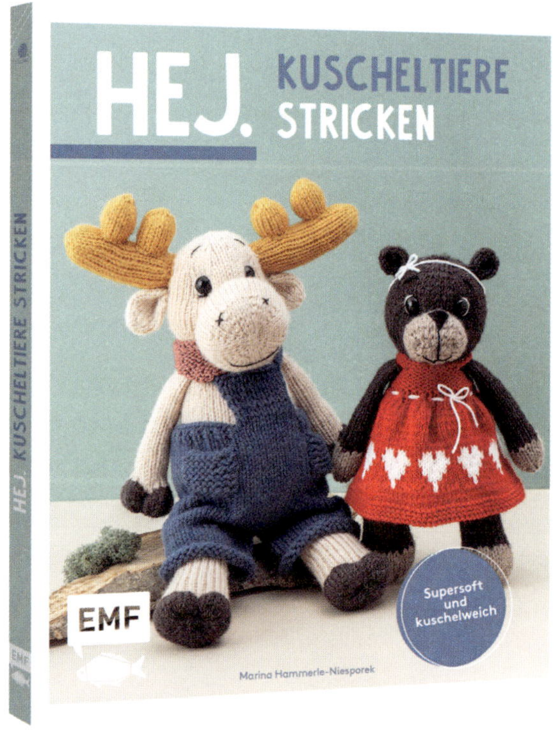


**Hej. Kuscheltiere stricken**
Supersoft und kuschelweich

978-3-7459-1241-8

12,00 EUR (DE)
12,40 EUR (AT)

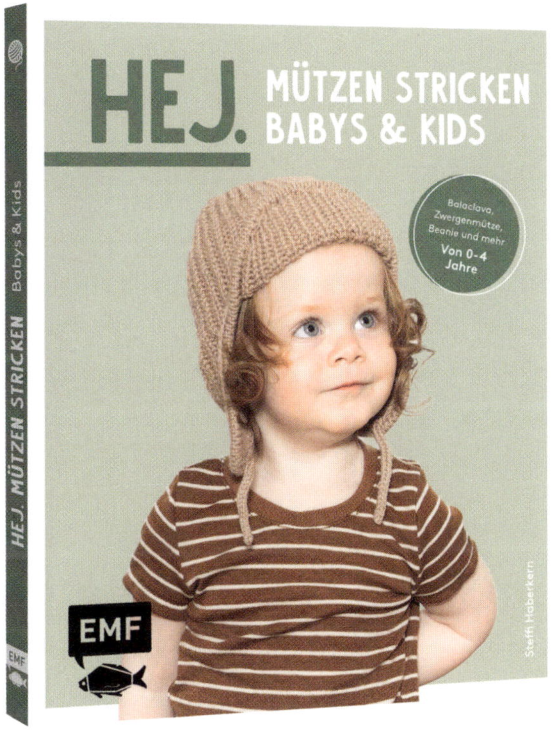


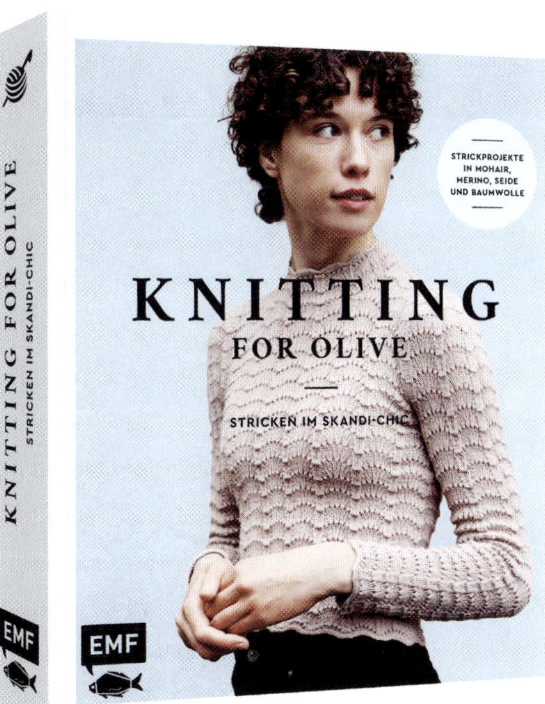


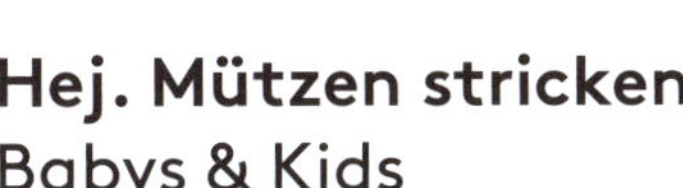

**Hej. Mützen stricken**
Babys & Kids

**978-3-7459-1790-1**

**12,00 EUR (DE)**
**12,40 EUR (AT)**

**Knitting for Olive**
Stricken im Skandi-Chic

**978-3-7459-1103-9**

**30,00 EUR (DE)**
**30,90 EUR (AT)**

# IMPRESSUM

Bibliografische Information der Deutschen Bibliothek.

Die Deutsche Bibliothek verzeichnet diese Publikation in der Deutschen Nationalbibliografie.

Detaillierte bibliografische Daten sind im Internet über http://www.dnb.de/abrufbar.



EIN BUCH DER EDITION MICHAEL FISCHER

1. Auflage 2023



Covergestaltung, Layout und Satz: Pia von Miller

Bilder: © Corinna Brix, München (Modelbilder), © Ekaterina Schneider, Lübeck (Moodbilder), © shutterstock/Katsiaryna Pleshakova (Illustration Cover), © Ina Languth, Berlin (Grundlagenillustrationen), © Ines Grabner, Berlin (Grundlagen-Steps)

Produktmanagement und Lektorat: Saskia Reusch

ISBN 978-3-7459-1752-9

Gedruckt bei PNB Print SIA „Jansili", Silakrogs, Ropazu novads, LV-2133, Lettland

www.emf-verlag.de